定海黄式三黄以周年谱稿

王逸明 编著

定海周边示意图

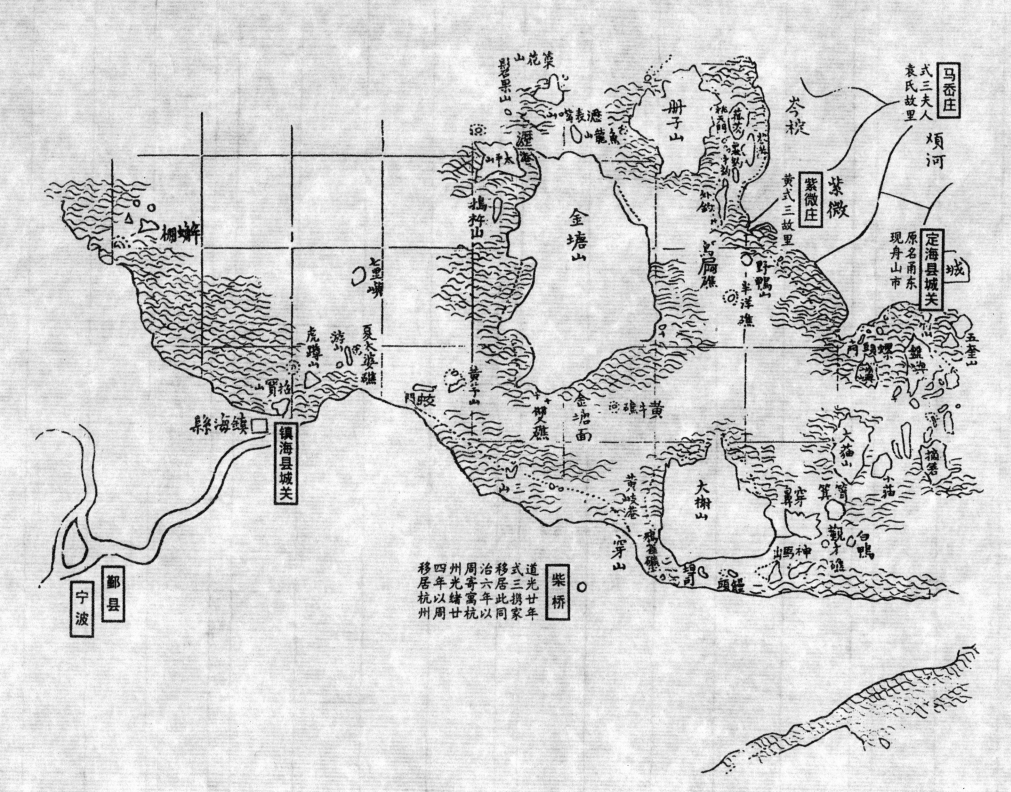

据光绪《定海厅志》前附定海县图编制

黄式三黄以周世系表

表中信息，十世以前据《墩头黄氏谱》，十世以后据黄式三、黄以周著作，并参考镇海黄梦燕先生介绍、黄雅玲《黄式三黄以周柴桥故居寻访记》。

墩头黄氏七世

黄必悌

式三祖父。黄氏迁定海紫微庄墩头村第七世。祖仲连。父士立，号学礼，康熙二十二年五月十八日生，康熙五十九年三月六日卒。母袁氏，定海马岙庄袁大元长女，康熙二十九年七月二十七日生，乾隆三十七年三月二十一日卒，享年九十五岁。士立生子一女三。

必悌字子恺，乡约，康熙五十年六月二十日生，乾隆三十四年十月五日卒。配傅氏，文玉次女，康熙四十九年十二月九日生，乾隆四十二年二月三日卒。子三，女四。

八世

黄兴楚

黄兴梧

必悌次子。字凤来，号屏山。乾隆八年九月六日生。二十四岁成庠生。道光四年十一月二十一日卒。配夏氏，国学生尚柱四女。生子二：式唐（邦怀），邦悦。女四：长适夏家裕，次适卢大享，三适庠生郑继树，四适王继贵。继配裘氏（即式三母），职员胜才三女，乾隆二十四年十二月二日生，道光二年八月十一日卒。生子三：式本，式三，式颖。女三：长适国学生方聪儒，次适费纶源，三适袁仁甲。

黄兴樵

九世

黄式唐

黄邦悦

黄式本

黄式三

兴梧四子，裘氏出。字邦恪，号薇香，儆居。乾隆五十四年八月二日生。道光十二年贡生。同治元年十月二十日卒。明年葬海晏乡铜盘墩。

配袁月我，式三曾祖母袁氏弟星协曾孙女，幸癸公女。乾隆五十四年七月一日生。道光十一年三月十七日卒。生子三。女三。长女适监生王慈德，次女适胡宋伟。三女适方明惇。继配应氏，监生礼鳌公孙女，生于嘉庆七年六月十九日，卒于同治十三年十月二十四日。无出。

黄式颖

兴梧五子，裘氏出。字邦恬，号稻生。嘉庆元年正月十日生。配吴氏。继配傅氏，监生凝绪女。生子一，女三。

十世

黄以愚

式三长子。字深诗。嘉庆二十年三月十日生。道光二十九年副贡生。配邵氏。子一。

黄以巽

式三次子。字人农，号儆仲。嘉庆二十一年十一月十三日生，光绪四年六月二十三日卒。配林氏，国学生□□女。子四。

黄以周

式三三子。初名以同，字经寰。后改名以周，字符同，号儆季。道光八年六月十五日生。同治九年优贡，同年成举人。特旨升用教授，赐内阁中书衔。光绪二十五年十月十七日卒。配梅氏。继配陈氏。子六。女一，适镇海张蕙澍。

黄以恭

式颖子。字质庭。道光八年四月十七日生，咸丰十一年拔贡。光绪元年举人。光绪九年十二月二十四日卒。配□氏。子一。

十一世

黄家光

黄家京

黄家绪

一名炳焕。

黄家廪

黄□□

黄家辰

以周长子，梅氏出。约生于道光二十八年。附贡生。长以务农为业。子三：长次甲，早逝。次次乙，一名肯堂。次次丙。肯堂子均权。均权子金绍，现居北京。均权女名金梅。

黄家岱

以周次子，梅氏出。字镇青、让之。咸丰四年生。优廪生。光绪十七年卒。配□氏。子次玎。次玎子均汉。均汉四子：松年、乃燕、亦燕、梦燕。梦燕现居镇海。

黄家鹜

黄家骥

以后陈出。

黄家毂

黄家玙

黄家桥

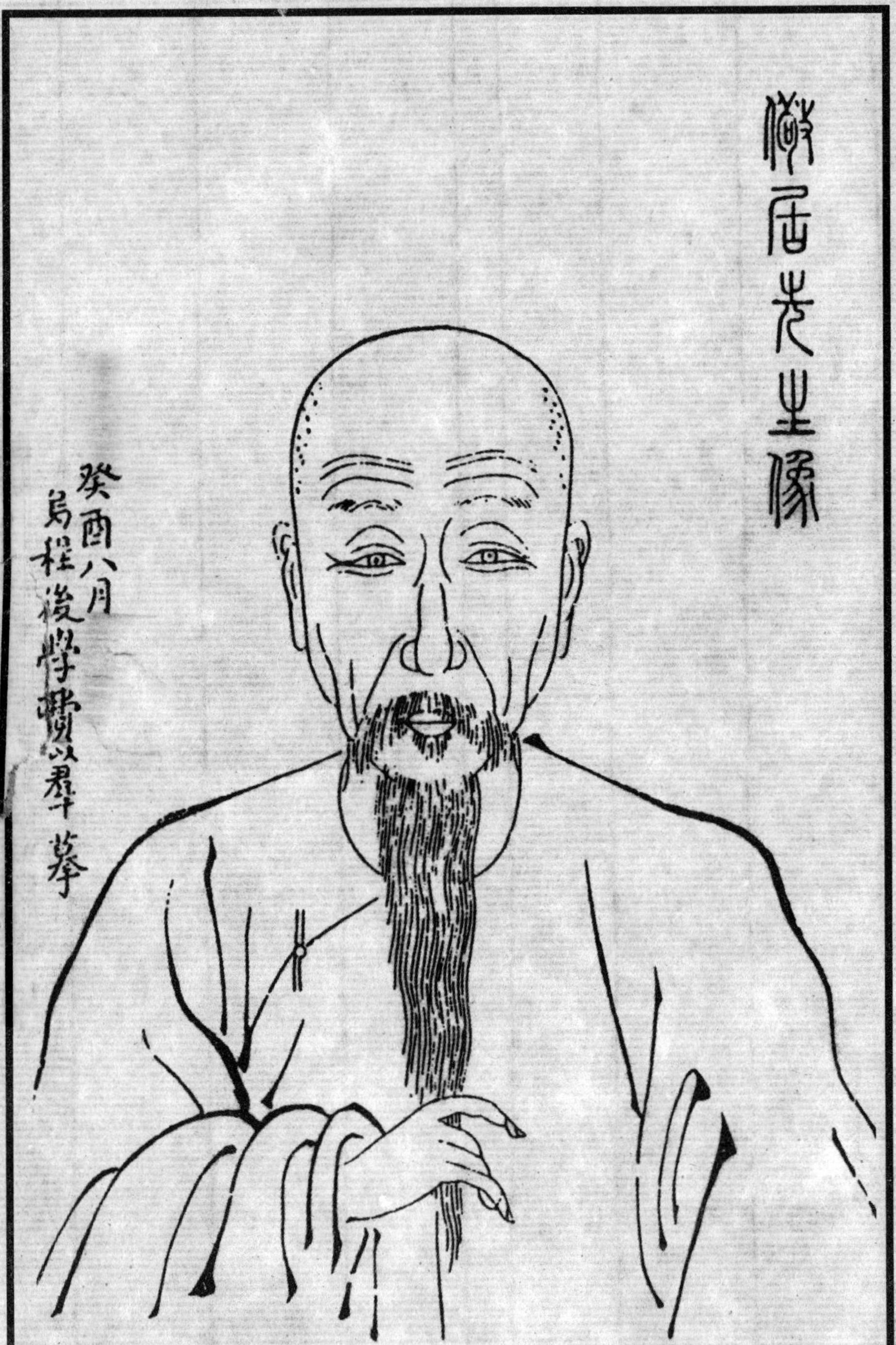

黄式三像（《儆居集》前附）

黄式三像（选自《清代学者象传》）

黄以周像（《礼书通故》前附）

黄以周像（选自《清代学者象传》）

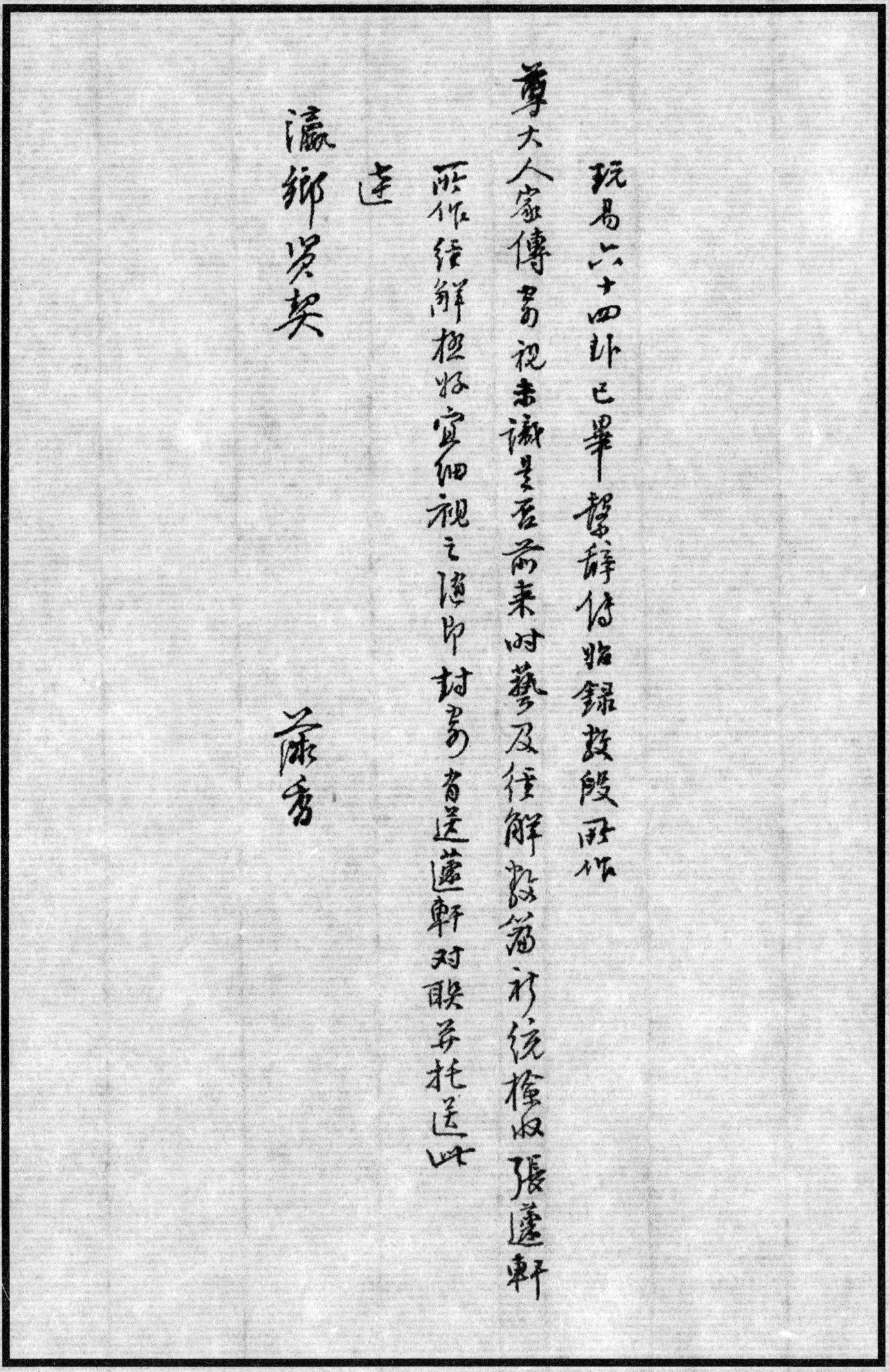

玩易六十四卦已畢　繫辭傳略錄數段所作

尊大人家傳書視未識是否前來時藝及經解數篇祈統檢收張蘧軒

所作經解極好宜細視之隨即封寄　者送蘧軒對聯并托送此

達

瀛鄉賢契

薇香

黄式三手迹（据国家图书馆藏成怀峤《易传通解》前粘原件影印）

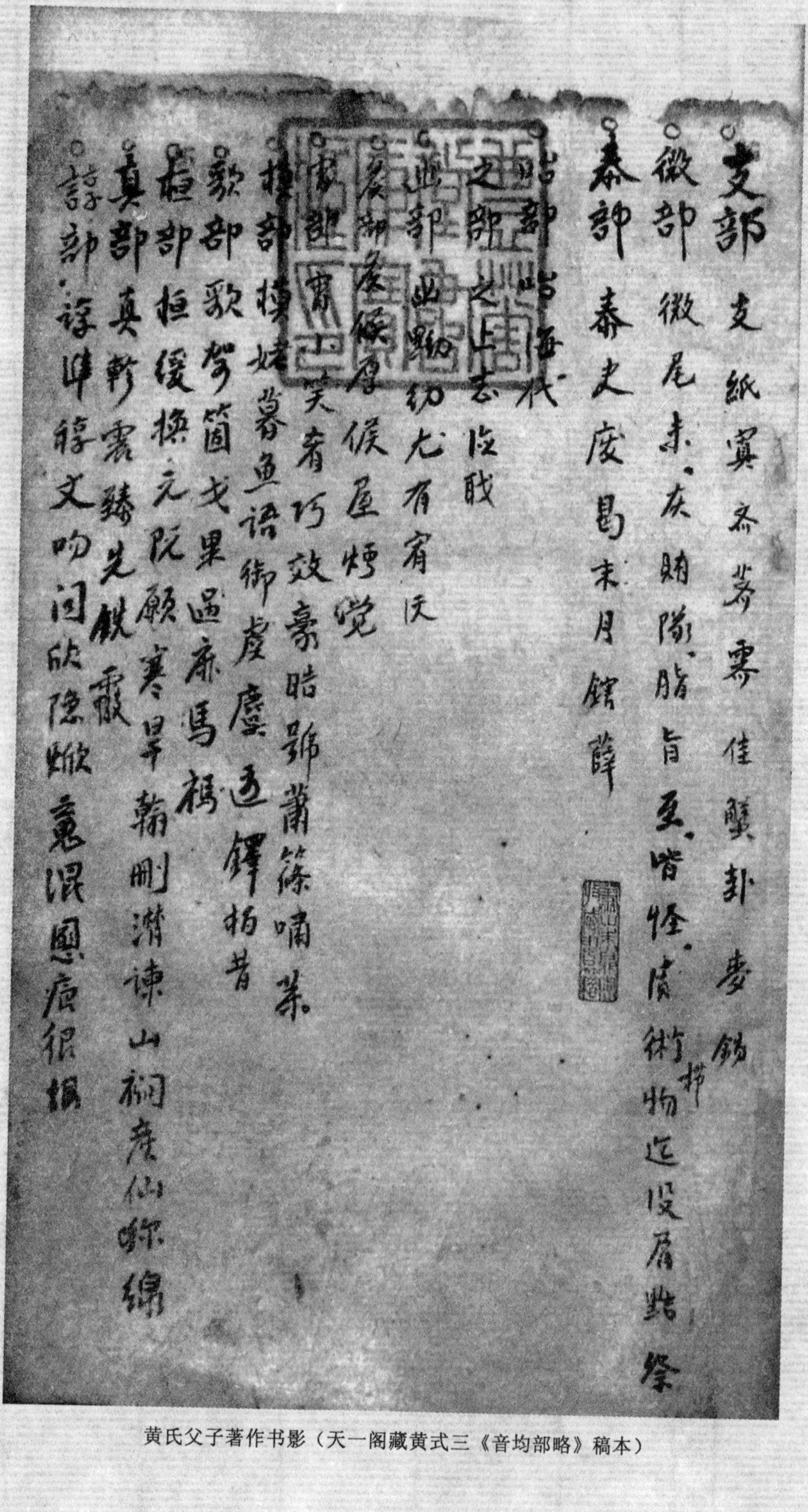

黄氏父子著作书影（天一阁藏黄式三《音均部略》稿本）

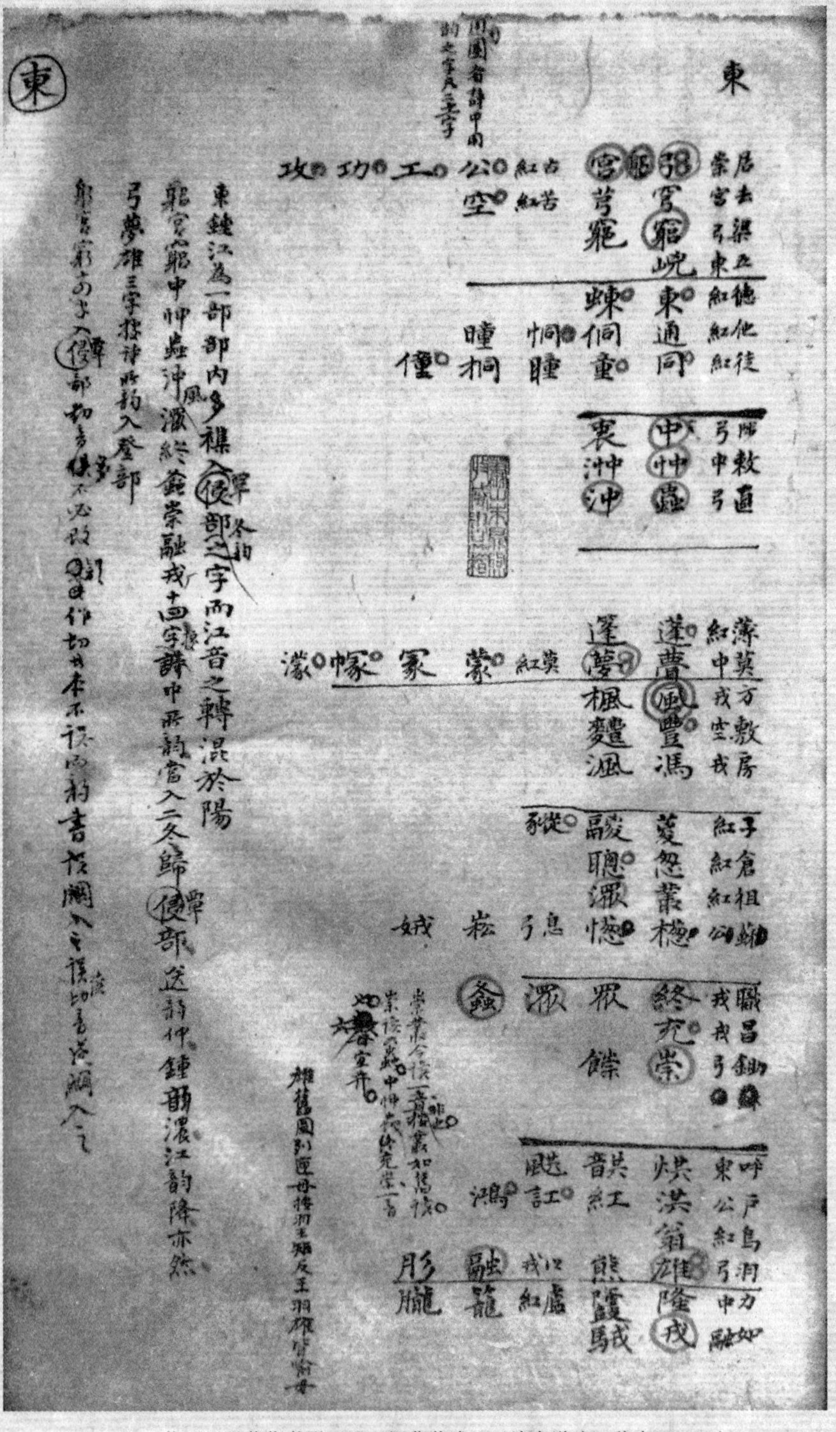

黄氏父子著作书影（天一阁藏黄式三《诗音谱略》稿本）

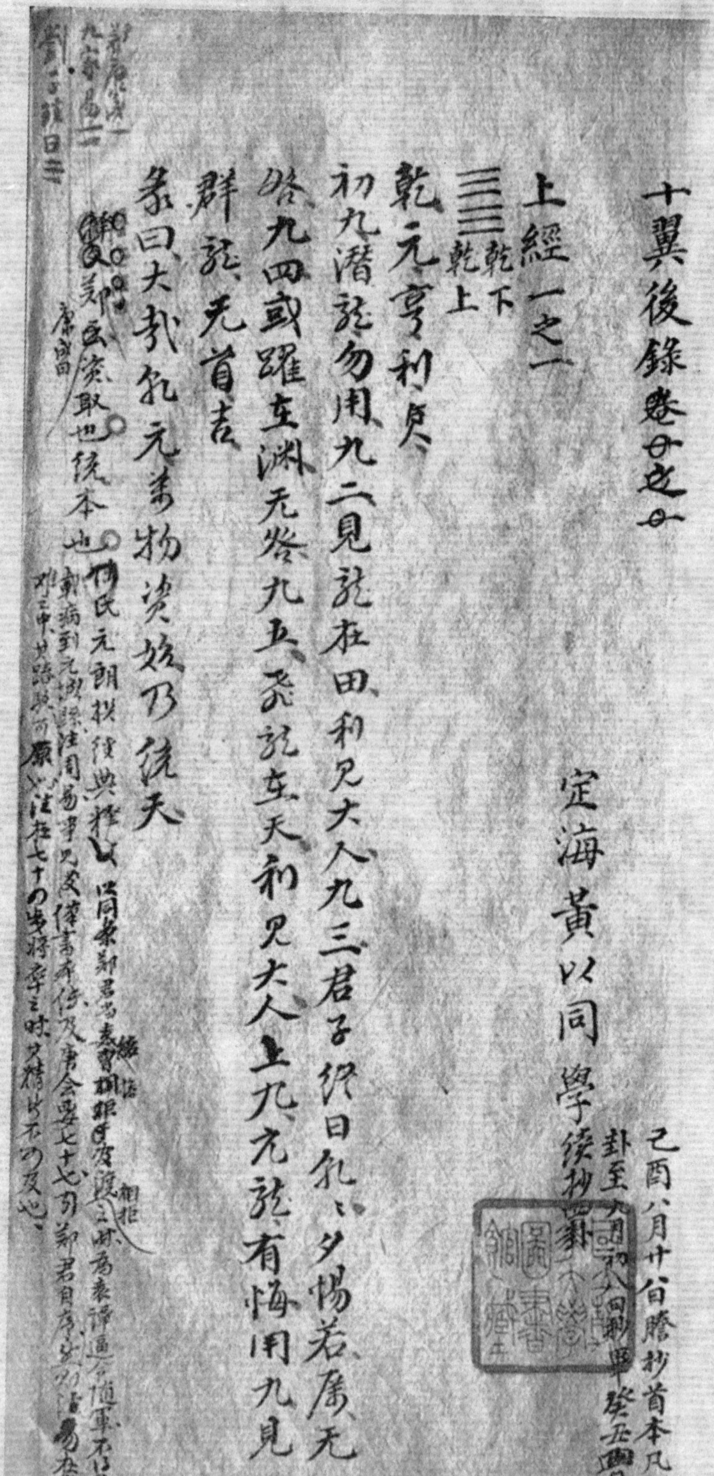

黄氏父子著作书影（清华大学图书馆藏《十翼后录》稿本）

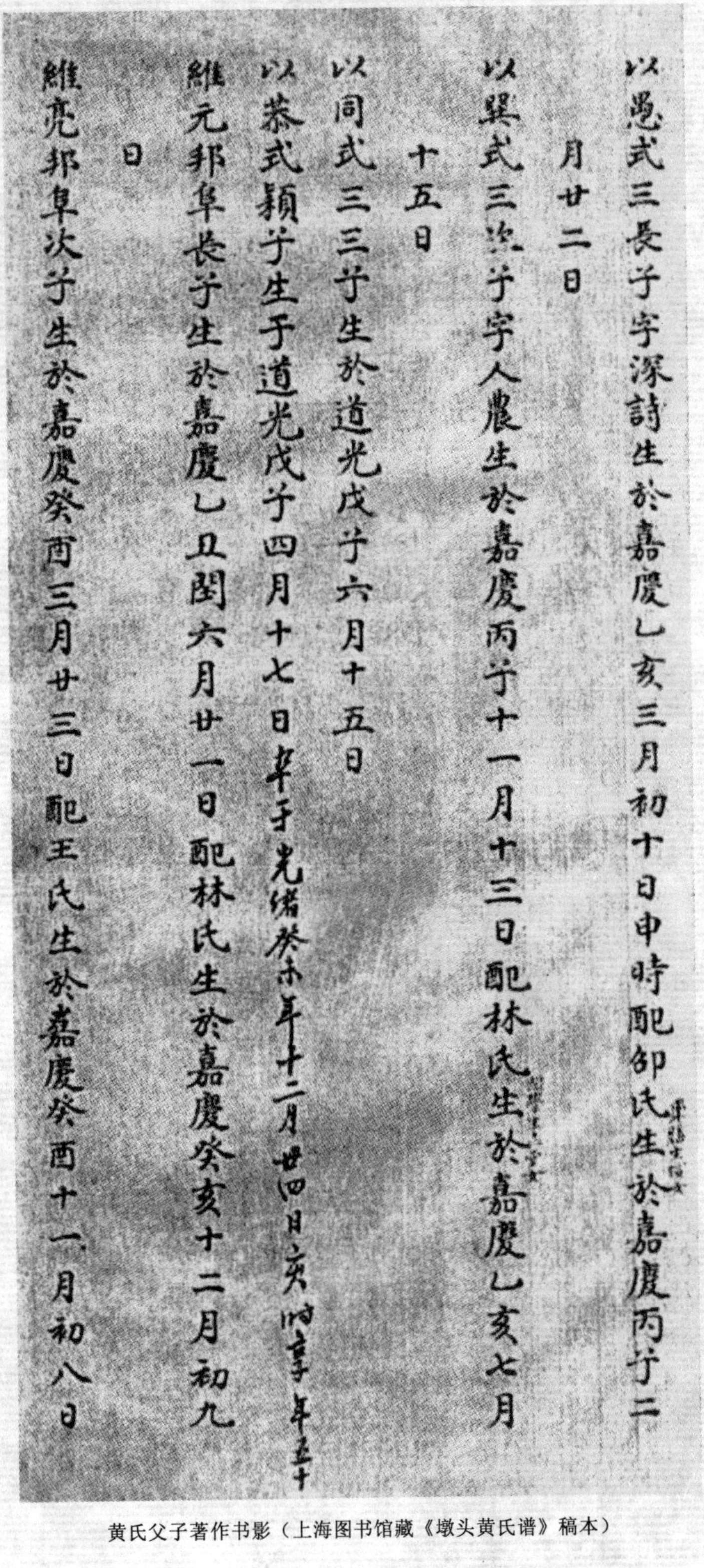
以愚式三長子字深詩生於嘉慶乙亥三月初十日申時配鄒氏生於嘉慶丙子二
月廿二日
以巽式三次子字人農生於嘉慶丙子十一月十三日配林氏生於嘉慶乙亥七月
十五日
以同式三三子生於道光戊子六月十五日
以恭式穎子生于道光戊子四月十七日卒于光緒癸未年十二月廿四日亥時享年五十
維元邦阜長子生於嘉慶乙丑閏六月廿一日配林氏生於嘉慶癸亥十二月初九
日
維亮邦阜次子生於嘉慶癸酉三月廿三日配王氏生於嘉慶癸酉十一月初八日

黄氏父子著作书影（上海图书馆藏《墩头黄氏谱》稿本）

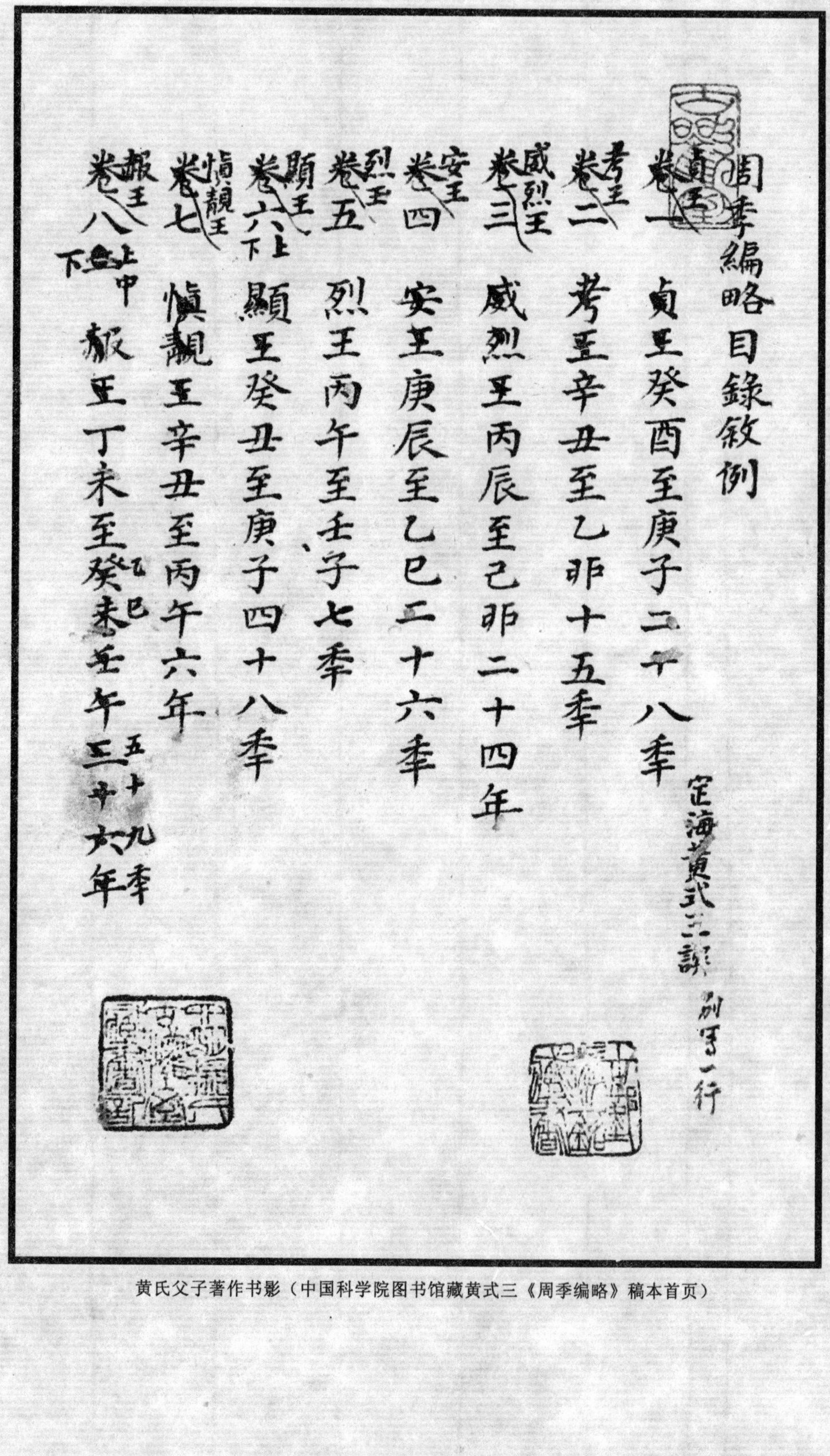
周季編略目錄敘例

定海黃式三謹

别寫一行

卷一 貞王 貞王癸酉至庚子二十八季

卷二 考王 考王辛丑至乙卯十五季

卷三 威烈王 威烈王丙辰至己卯二十四年

卷四 安王 安王庚辰至乙巳二十六季

卷五 烈王 烈王丙午至壬子七季

卷六上下 顯王 顯王癸丑至庚子四十八季

卷七 慎靚王 慎靚王辛丑至丙午六年

卷八上中下 赧王 赧王丁未至癸未（乙巳）壬午三十六年（五十九季）

黄氏父子著作书影（中国科学院图书馆藏黄式三《周季编略》稿本首页）

定海黃式三黃以周年譜稾

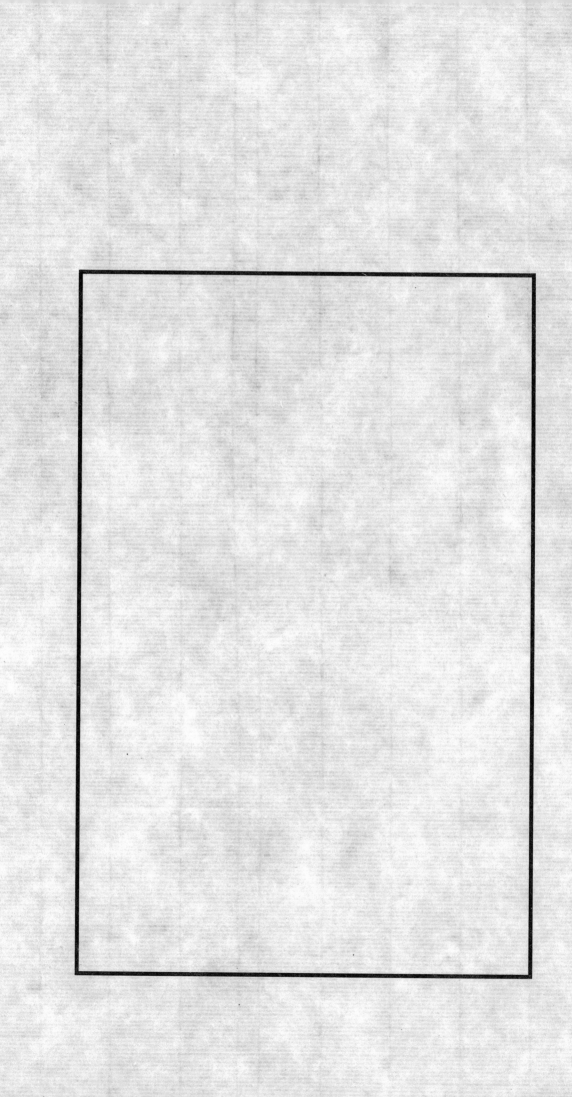

定海黄式三黄以周年谱稿

乾隆五十四年　己酉　1789　黄式三先生一岁

黄式三，字邦恪，号薇香、儆居。祖籍宁波府鄞县姜山。明中叶，其先祖黄俊济宗公。迁居舟山定海紫微庄墩头，是为黄氏墩头支祖。据上海图书馆藏《翁州紫微庄墩头黄氏谱》（简称《墩头黄氏谱》）、黄以周《儆季文抄》卷五《敕封征仕郎内阁中书先考明经公言行略》（简称《明经公言行略》）。定海建置多变。概而言之，即今舟山岛一部分。昔有定海直隶厅、定海县之设，今舟山市设定海区，虽都称定海，范围不同。紫微地名今存，在今舟山市定海区西北。笔者有幸得浙江海洋学院张嵎教授带领，拜谒定海黄氏祠堂。紫微庄墩头，即今舟山市定海区双桥镇浬溪街道墩头村。另据定海新闻网孙和军《黄氏归厚堂与三槐池》记述：『定海双桥镇浬溪街道墩头村黄氏祖堂号归厚堂，为黄氏迁定海一支总祠堂。黄氏自迁居墩头始祖黄俊（朝字辈。原注。）以下，谱名排行字序为：朝廷大国府，仲士必兴邦。维家次均齐，龙应永光裕……黄式三为「邦」字辈，黄以周为「维」字辈。』又，其地偏僻，文教向不发达。康熙四十八年始建县学。《光绪定海厅志》卷十八《志四·学校》『国朝康熙二十六年，巡抚张鹏翮提请设县建学……四十八年，乃从诸生黄灏等请，藉认垦之资，次第落成。』黄灏为式三伯祖，见本谱光绪十四年。后县学屡圮屡建。最近一次修葺在乾隆十九年，知县庄纶渭（庄存与族孙）主其事。道光中始建试馆。黄以周《儆季文抄》卷六《定海试馆碑记》：『吾定海自康熙初展复后，老师宿儒敦礼乐、说诗书，各以朴学楬橥熏德众，文教日益盛。顾科名不甚显，而邻邑之教育子弟者，必礼聘定海之彦以为师，谓先正之教范近古也……然定海悬居海岛，藏书之家尚少，有志实学者恒苦载籍不备，兴望洋之叹。尊经有阁而阁内无书，名实之间，心目犹阙。意者诸君子将广求四部书以充其中，俾学子朝夕肄业焉。』

俊五传至士立。士立娶同邑马岙庄乡袁氏。袁氏寿至九十五岁，黄式三《儆居杂著》卷四有《袁氏曾祖妣及亡室事实》。光绪《定海厅志》卷十一《列女》称其年三十一岁寡，寿至九十一岁。误。袁氏生必悌。虞铭新《和钦文初编·黄元同先生别传》云以周『曾祖必悌，由定海徙镇海之海晏乡。镇海故隶定海，故先生仍称定海人。』黄式三道光二十年迁居镇海海晏乡，时式三祖必悌、父兴梧均已亡故。黄式三咸丰十年作《读狄氏孔孟编年质疑》云：『年五十二，遭英咭利之兵厄，旅寓镇邑，十二年始有居室。』所见式三、以周著述均无言及必悌徙镇海者。虞说待考。必悌生兴梧。兴梧字凤来，号屏山，即式三父，乾隆八年九月六日生，乾隆三十一年邑庠生，本年四十六岁。黄式三《儆居杂著》卷四《先考屏山府君事实》：『先考讳兴梧，字凤来，号屏山，年二十四游庠，锐志于学，旋获病。年四十馀病乃痊，亦遂辍举子业，无志于用世矣。然事之切于身心，关于风教，有益于宗族、于乡里、于姻友者，力所能为，毅然以自任。族有旧祠甚窄，出家资以售祠基，廓而新之。族无谱，走姜山，访郡城，四府前谱抄录以归。（在嘉庆三年。引注。）谱乃成，族始知世系所自出。复以宗祠无祀产，劝族人裒金集会。每逢冬至，祭始祖唐太傅公暨迁翁州始祖暨支分四房之列祖。』

黄以周《明经公言行略》：『祖籍宁波鄞县姜山。黄氏系出唐太傅开国子、宋追封江夏侯讳晟忠济公之后。至明中叶济宗公讳俊迁居定海之紫微庄。曾祖讳士立。祖讳必悌。三世隐德。考讳兴梧，以《易》《诗》著名庠序。』《墩头黄氏谱》一百五十六页《屏山公传》内容与此《先考屏山府君事实》同，而署名陈炳寅斋撰。兴梧原配夏氏，已于乾隆四十六年闰五月一日病故，得年四十。继配裘氏，同邑职员裘胜才三女，即式三生母，乾隆二十四年十二月二日生，约乾隆四十九年来归，本年三十一岁。黄式三《儆居杂著》卷四《裘氏先妣事实》：『先妣栖贫处淡，勤俭自持，粝米藿羹以为食，疏布敝裘以为衣，于心绝无所憾。性端肃静默，不妄言笑……余父喜客，先妣贮不时之需以待宴，家虽寒而不窘。』《墩头黄氏谱》一六二页《屏山公妻裘孺人传》署刘灿星若撰，内容与此《裘氏先妣事实》同。

七月

一日，定海兰秀山袁月我生。后归式三。黄式三《儆居杂著》卷四《袁氏曾祖妣及亡室事实》：『马岙袁氏自曾祖妣之弟星协先生迁居兰秀山。其曾孙女名月我，处士幸癸公之女也。与余同年生，月日先于余。』马岙地名今存，即舟山市区正北之马岙镇。兰秀山，即舟山岛北外海中之秀山岛。

八月

二日，西历9月20日。黄式三生于定海紫微庄墩头。黄以周《先考明经公言行略》：『明经公兄弟五人。明经公讳式三，字薇香，行四。从学者称为儆居子，以所居之颜号之也。本贯定海厅……生于乾隆己酉八月初二日。』式三行四。伯兄式唐，字邦怀，兴梧原配夏氏生，本年二十四岁。仲兄邦悦，夏氏生，本年十七岁。本年十一月二十七日卒。《墩头黄氏谱》第二百四十二页『邦悦，殇亡不嗣。立祀轮流。』季兄式本。字邦亹，号民贵，为式三同胞兄弟，本年四岁。

乾隆五十五年　庚戌　1790　黄式三先生二岁

乾隆五十六年　辛亥　1791　黄式三先生三岁

乾隆五十七年　壬子　1792　黄式三先生四岁

乾隆五十八年　癸丑　1793　黄式三先生五岁

乾隆五十九年　甲寅　1794　黄式三先生六岁

乾隆六十年　乙卯　1795　黄式三先生七岁

嘉庆元年　丙辰　1796　黄式三先生八岁

正月　十日，同胞弟式颖生。式颖字邦恬，号穑生。《光绪定海厅志》卷十《人物·黄式颖传》：『黄式颖，字穑生。紫微人。少从其兄式三学，通经史，身体力行，不苟为随俗趋时之习。』

本年　式三入家塾读，父为启蒙。黄式三《儆居杂著》卷三《族谱叙》：『式三束发受书，夙闻家学。经史杂文，露抄雪纂，夙夜黾皇，冀承先志，而爱博不专。』黄以周《先考明经公言行略》：『明经公自幼入塾读书，善识字。举经中一难字以问，而能知其所出，默诵其上下文。茂才公（黄兴梧。引注。）尝笃爱之，教读诸经，期成远大器。』

嘉庆二年 丁巳 1797 黄式三先生九岁

嘉庆三年 戊午 1798 黄式三先生十岁

式三父黄兴梧往鄞县觅抄族谱，始知世系来历。黄以周《儆季集外文》第十九篇《定海五修族谱序》：『定海紫微庄墩头黄氏……初未有谱，惟四房旧祭产簿有「派出姜山」之语。嘉庆戊午，我祖茂才屏山公（黄兴梧。引注。）走鄞之姜黄暨郡城之四府前，抄录旧谱以归，乃知系世所自出。时创议修谱。』

嘉庆四年 己未 1799 黄式三先生十一岁

就外傅，始作典丽文。黄以周《先考明经公言行略》：『十一岁出就外傅，学举业，能作典丽文。』

业师为定海杨际和。黄式三《儆居杂著》卷四《杨感庭先生家传》：『邑之杨锐锋先生，（杨际清，杨际和兄。乾隆四十四年举人。引注。）喜读经，为文慕西汉。感庭先生讳际和，其弟也。夙承家学，说经论文，具有师法。门人黄式三之始受业也，先生诱之曰：「时文有必中之技，善学之无怠，命可夺也。」式三自少好读经，因问之，先生曰：「士之以说经传者，固有命焉。」惊问其故，则曰：「人有饥饿忧，不能专心考校以著述名也。或能之，及身不刊诸梓枣，子孙不善守，卒灭没而名不彰。吾尝见其人矣。」越数年后，先生乃正告式三曰：「科第，命也。能实力绩学，或治经，或治史，或治古文，精于是，皆可不朽。尔其专心为此也。」先生（杨际和。引注。）兄弟五人，惟长者不业儒，治生以养诸弟……先生以郡庠廪生中省试，不得仕，卒于家。』杨际和嘉庆六年中举，《光绪定海厅志》卷十《人物》有《杨际和传》。

式三初学，亦得父母言传身教。黄式三《儆居杂著》卷一《春秋释叙》：『式三少时爱读《左传》，先君子（黄兴梧。引注。）既以杜注及姜氏补义授之，且告之曰「姜氏注《左》而驳《左》，是可疑耳。姜氏之学岂胜于左氏？」式三既聆训，不敢忘。及长，搜求各书有能解左氏疑义者，得一义如得异宝。久之乃知，左氏之于《春秋》，信乎传授之不差也。』此文作于道光二十四年。又，黄式三《儆居杂著》卷四《裘氏先妣事实》：母裘氏『尝教式三曰：「汝读书论古，及处世事、待交游，毋矜才、毋使气、毋溢怒，毋揭人之非，毋显人之短。谦而让，乃克有成。不然，学儒而贾祸，不如不学儒之免祸也。」此足以知先妣持身之懿柔，与所以教子之谨慎矣。』

嘉庆五年　庚申　1800　黄式三先生十二岁

式三父黄兴梧创修本支族谱稿初成。黄式三《儆居杂著》卷三下《族谱叙》：『紫微庄墩头黄氏本无谱也，有之自先君子（黄兴梧。引注。）始。先君子年几六旬，（黄兴梧本年五十八岁。引注。）议创斯举，出访事实，入定体例……煌煌钜制，所创辑者备矣。』黄以周《儆季集外文》第十九篇《定海五修族谱序》：『茂才公（黄兴梧。引注。）年近六旬，志在综揽宏纲。庚申成帙，而事迹之违戾，文字之舛误，未遑考订。』

嘉庆六年　辛酉　1801　黄式三先生十三岁

嘉庆七年　壬戌　1802　黄式三先生十四岁

嘉庆八年　癸亥　1803　黄式三先生十五岁

式三与傅梦占师事定海杨思绳。杨思绳，字亦纠，号镜山。始居盐仓，家贫。善属文，以教授自给。迁居紫薇，以副校贡中嘉庆五年恩科举人。傅梦占原名傅弈丰，字肖严，本年二十三岁。《儆居集》前附傅梦占《儆居集叙》：『薇香自少爱读《韩昌黎集》，人或以文请，时集韩句以应之。顾自谓「此非传文也。」既作而旋弃之……余与薇香同受业于杨镜山夫子之门。时薇香年少，已能分黑白，论出而屈其座。』黄式三《儆居杂著》卷四下《傅君肖严家传》：『肖严学于镜山夫子之门，终身不易师。性行淳一，风度端凝，师甚器重之。当时同门之友极盛，志趣或各不同，而于肖严俱无闲言。年二十三蜚声庠序。时余与同学，年十五矣，听同堂谈经，上下论议，余亦自抒己见，肖严勖余曰：「如子将可以经学名世。勉之无怠。」余辞其称誉，受其规戒而以兄事之。余在馆中有过，肖严闻之，必有言教诲之。时与同坐，静对久之，不必严相规切，觉私意为之顿消。是真益友也。嗣后肖严以亲老归养……肖严所居曰小沙庄，土瘠田少，年歉即窘于仓。庄中荡田多溢丈，觊觎者每由此生事，肖严与恽邑令谋，俾溢丈之田升课作公田，其后议以公田之所入者为浚河资用。年七十，（傅梦占卒年失载，据此知其卒于咸丰初年。引注。）力疾为之。余劝其辞事养疾……定海自庚子（道光二十年。引注。）英咭唎以兵入，始有天主教…… 教主至乡，必请傅先生问是非 …… 肖严姓傅，讳弈丰，庠名梦占。其卒之后，子亦踵卒。孙辈复习农，不能道遗事。余不忘益友，撮举数事以传之。』《光绪定海厅志》卷十《傅梦占传》与此文同。式三同父异母兄黄式唐、胞兄黄式本原配皆傅姓，或式三与傅梦占沾亲。小沙庄地名今存，即舟山岛西北部小沙镇，今属舟山市定海区。又《儆居杂著》卷四下《王节妇傅氏家传》称：『定海小沙庄王君才美之妻傅氏生子女一，无男子而寡 …… 节妇之女适应姓，余见其容貌端重，知娴于母训者素也。』此傅氏亦或傅梦占族人。王、傅生女王氏嫁应姓，或即式三继配应氏（道光二年来归）之娘家。黄式三《儆居杂著》卷四《杨镜山先生家传》：『杨镜山先生字亦纠，思纪，其讳也。家贫，善属文，以教授自给 …… 以副拔贡中省试，屡就进士试荐不售，历任分水、开化教职 …… 卒于开化署。士哀之，立祠以祀。门人黄式三曰：「先生之功绩不著于世，然遇分水、开化之士，与言先生教育之德、廉正之操，啧啧称道不衰。然则先生苟得显仕，功绩安可量哉？」先生少孤而贫，有女兄之夫夏茂山者与之资，得读书以成立。』

本年式三始作经解文，昭然分黑白，业师叹赏。黄以周《先考明经公言行略》：『十五岁作经解，昭然分黑白，时据其特见以屈座人，业师叹赏不容口。嗣后数受知于学使者，而乡试四荐不售，以岁贡生终。故宗族子弟咸称为明经公。』

嘉庆九年　甲子　1804　黄式三先生十六岁

嘉庆十年　乙丑　1805　黄式三先生十七岁

嘉庆十一年 丙寅 1806 黄式三先生十八岁

嘉庆十二年 丁卯 1807 黄式三先生十九岁

五月二日，式三同父异母兄黄式唐病故，时年四十二。式唐原配傅氏，庠生昌次女，继配李氏，已先卒。继配韩氏，本年三十九岁。

嘉庆十三年 戊辰 1808 黄式三先生二十岁

式三夫人袁月我约于本年来归。黄式三《儆居杂著》卷四《袁氏曾祖妣及亡室事实》：『马岙袁氏，自曾祖妣（黄式三曾祖母袁氏。引注。）之弟星协先生迁居兰秀山，其曾孙女名月我，处士幸癸公之女也。（则式三与袁氏为舅表亲。引注。）与余同年生，月日先于余，既以身许余，佐余事父母，得欢心。余父母悯其劳苦，敬对曰：「缓为之，不劳也。」……余父将使式三适私室，敬对曰「舅老矣，但祝事舅之日长耳。」家有姒有娣，不戕善，不诿劳，勤俭之德，宽忍之心，能时时返己自责而力行之。姒娣为之意满。性庄重，或十数日发一笑，或月发一笑，笑不出声。一生无谎言，人亦未敢谎之，亲狎如姒娣莫不然，家中大小僮仆皆畏之，然其心未尝不和易也。』

嘉庆十四年 己巳 1809 黄式三先生二十一岁

镇海谢篪贤以四十三岁卒。后道光二十九年，谢篪贤长孙谢骥德与式三子黄以愚同年成贡生，骥德遂往式三家（时式三已定居镇海）请为祖撰传。同治元年式三撰《谢篪贤传》，载《儆居杂著》卷四下第八页。略引。

嘉庆十五年　庚午　1810　黄式三先生二十二岁

嘉庆十六年　辛未　1811　黄式三先生二十三岁

式三长女约生于本年。后适王慈德。

嘉庆十七年　壬申　1812　黄式三先生二十四岁

式三父黄兴梧七十寿，因妹式三姑。丧辞贺。黄式三《儆居杂著》卷四《先考屏山府君事实》：『壬申岁，寿七十，以女弟丧，辞贺。』

嘉庆十八年　癸酉　1813　黄式三先生二十五岁

八月　式三由学使推荐，赴杭州府治仁和，今杭州市。乡试，未中。得读金履祥书。黄式三《儆居集》子集二《读金仁山文集年谱》：『忆自癸酉赴省试，始得金仁山先生《大学章句疏义》《论语孟子集注考证》，读之奉为圭臬。』金履祥为元初名儒，字吉甫，号次农，学者称仁山先生。味式三所言『自……赴省试』，可知此为式三参加乡试之始。嘉庆八年所引黄以周《先考明经公言行略》：『……嗣后数受知于学使者，而乡试四荐不售，以岁贡生终。故宗族子弟咸称为明经公。』可知式三参加乡试出于学使直接推荐而未与童试。所谓『四荐不售』，即学使推荐过四次，皆未考中举人。如自本年始，连续参加四次乡试，则依次为：本年第一次，丙子（嘉庆二十一年）第二次，己卯（嘉庆二十四年）第三次，壬午（道光二年）第四次。第四次参加乡试时，式三母裘氏病故，正合黄以周《先考明经公言行略》所谓『因省试而失恃……且有「后不赴试」之誓。』

嘉庆十九年　甲戌　1814　黄式三先生二十六岁

嘉庆二十年　乙亥　1815　黄式三先生二十七岁

三月　十日，式三长子以愚生。以愚字深诗，号儆孟。式三有《以愚字说》，载《儆居杂著》卷四下。

嘉庆二十一年　丙子　1816　黄式三先生二十八岁

八月　由学使推荐，再赴杭州府参加乡试，未中。见嘉庆十八年。

十一月　十三日，式三次子以巽生。以巽字人农，号儆仲。式三有《以巽字说》，载《儆居杂著》卷四下。

本年　式三友金鹗、王修允同馆于京师汪廷珍家。金鹗号诚斋，临海人，本年四十六岁。临海县在浙东稍南，隔宁海县与宁波相望。民国二十年《临海县志稿》卷二十一《金鹗传》：『嘉庆丙子，先生充优贡入都，汪文端相国置榻相延，朝夕问难，互相发明。同时若高邮王文简、（王引之。本年五十一岁。引注。）栖霞郝户部培翚、（原文如此，误。应为：栖霞郝户部懿行、绩溪胡户部培翚。郝懿行本年六十二岁，胡培翚本年三十五岁。引注。）长洲陈征君奂，（本年三十一岁。引注。）交相推服无异词。』金鹗与陈奂交在嘉庆二十三年底，见本谱嘉庆二十四年。《碑传集补编》卷四十《金诚斋先生传》：金鹗『世居安徽歙县 …… 国初顺治十年始占籍临海 …… 阮中丞芸台抚浙，首以作人为己任，建诂经精舍，延孙渊如先生主讲席，檄征全省知名士肄业其中。时临海赴召者三人，洪筠轩（颐煊。原注。）暨弟檞堂，（震煊。原注。）其一则诚斋也 …… 旋里后，人争聘为弟子师。嘉庆丙子，汪尚书瑟庵先生选充优贡生，需次抵都。尚书命馆于家，待以上宾，质疑问难。』金鹗早逝，文集不传。式三《儆居集》中未见有关消息。金为当时礼学名家，居里距定海不远，又与式三亲家王修允同馆京师，或有音问往还，惟失于载。王修允，定海人，本年约二十五岁。后其子王慈德娶式三长女。黄以周《儆季文抄》卷六《沈邱知县王君石农志传》：『王修允，字绍伊，又字石农，白泉庄人 …… 幼承家学，蜚声庠序。弱冠，受知于学政汪文端廷珍。岁科两试第一，遂以廪膳考取优贡生。挈之入京都，朝考授武英殿校录，遂主其师汪廷珍，执经问难。』王修允道光五年中顺天乡试，以周撰传称其时修允已『留京师十馀年』，逆推之，则其本年已馆于汪氏。白泉庄今名白泉镇，在舟山市区西北。又，《清儒学案》卷一五四《儆居学案·下》『儆居交游』一节列有金鹗、严可均、吴德旋、方成珪、刘灿、王约诸名。金鹗之外，严可均见本谱道光十四年，吴德旋见本谱道光十三年，方成珪见本谱道光二十七年，刘灿见本谱道光十八年，王约见本谱道光二十六年。

嘉庆二十二年 丁丑 1817 黄式三先生二十九岁

式三发家藏《易》书尽览之，觉先儒各是其是，大道多歧。黄式三《儆居杂著》卷一《易释序》：『年三十，发家所藏之《易》书尽览之，汉魏及唐宋元明，不敢有所偏弃，惧其隘也。无如大道多歧，南辕北辙，往往分道扬镳。先儒各是其是，不知谁为实是。则其互相非者，亦不知其实非矣。』

嘉庆二十三年 戊寅 1818 黄式三先生三十岁

嘉庆二十四年 己卯 1819 黄式三先生三十一岁

正月 一日，式三友金鹗逝于北京，年四十九岁。《碑传集补编》卷四《金诚斋先生传》：金鹗入京师『甫及二载，遽厄龙蛇……卒于嘉庆己卯正月初一日巳时，年四十有九。』民国《临海县志稿》卷二十一《金鹗传》：『方鹗之在都也，陈奂偶宿城内，夜半闻鹗朗朗读《小戴记》，窃怪之。平旦，正衣冠往拜，与语恨相见晚。不两月而鹗卒。奂求鹗稿不得，城（金鹗子金城。引注。）持全稿送奂。奂乃请于两江总制陆公建瀛，得授梓。奂任校雠，订十六卷……可与金殿撰《礼笺》共传。』金殿撰即金榜（1735-1801），亦礼学名家，式三曾著《周官赋法说》驳金榜《礼笺》，载《儆居杂著》卷一。

八月 式三由学使推荐，再赴杭州府参加乡试，未中。见嘉庆十八年。

本年 式三次女生。后适胡宋伟。据《墩头黄氏谱》。

嘉庆二十五年　庚辰　1820　黄式三先生三十二岁

定海初发瘟疫。两年后式三母裘氏染此疾。

式三作《释五行配属》笔记一则及《五行配属图》。载《儆居集·经说四》。

道光元年　辛巳　1821　黄式三先生三十三岁

道光二年　壬午　1822　黄式三先生三十四岁

春　式三继配应氏来归，时二十一岁。应氏为监生礼鳌公孙女。

八月　由学使推荐，式三再赴杭州府参加乡试，仍未中。见嘉庆十八年。十一日，式三母裘氏以六十四岁卒于家。式三因考试未及视敛，归而有『后不赴试』之誓。黄式三《儆居杂著》卷四《裘氏先妣事实》：『天降痧疾，口呕吐、腹痛肠绞、泻痢、身麻木，获此疾者十有七八死，死甚速，在一二日间。嘉庆庚辰岁，（嘉庆二十五年。引注。）此疾初发。逮道光壬午八月十一日，先妣裘氏以此疾卒于内寝。是时子式三、式颖赴省试，不尝药，不预敛也。』又，黄式三《儆居杂著》卷四《先考屏山府君事实》：『壬午……吾母卒，（兴梧）亦不宴客。是年经纪丧事，不用浮图，不拜经忏。或有请循俗为之者，不惑也。家中丧葬遗规自此定。』黄式三《儆居杂著》卷四《袁氏曾祖妣及亡室事实》：『余母卒，余父年八十矣，（袁氏）以式三之寐善醒，易呼叫，乃伴父寝。』黄以周《先考明经公言行略》：『因省试而失恃……茂才公（黄兴梧。引注。）为曲慰之。（式三）因念父老年已八旬，节哀仰事。自此常伴茂才公寝服，终不适私室。且有「后不赴试」之誓。」

式三约于本年前后开始馆谷生涯。黄以周《先考明经公言行略》：「明经公事亲以孝闻，和愉之气溢庭内。馆课之余常侍茂才公（黄兴梧。引注。）侧。茂才公性端严，不苟言笑。而（式三）能先意承志，常见欢心。」

道光三年 癸未 1823 黄式三先生三十五岁

式三在定海故里守制。

道光四年 甲申 1824 黄式三先生三十六岁

式三在定海故里守制。

十一月二十一日，式三父黄兴梧卒，年八十二。黄式三《儆居杂著》卷四《先考屏山府君事实》：「……素喜读孟子书，曰：「此圣学正传，亦文章之祖也。」老犹读之，声琅然彻户外，听者怪，问以「老人犹将拾科第以就功名于世？」笑答之曰：「犹可为哉。」年八十有二卒，道光四年，岁甲申也。」黄以周《先考明经公言行略》：「茂才公老且病，卧床第数年，衣食靧洗诸事，（式三）皆躬亲之。比卒，持丧以礼。自属纩至下窆，凡所以诚信其亲者；自髺发至祥禫，凡所以哀恸其身者，揆之于礼，罔不合，故宗族称孝焉。自侍疾而学岐黄之道，自营兆而精杨郭之术，此皆由孝心所致也。」

道光五年　乙酉　1825　黄式三先生三十七岁

式三在定海故里守制。

同邑王修允在京师中顺天乡试。黄以周《儆季文抄》卷六《沈邱知县王君石农志传》：王修允『留京师十馀年，以道光乙酉顺天乡试举人大挑一等，授江西大庾县知县……遂引疾归。』后修允长子慈德娶式三长女。见道光二十一年。与修允同科中举者，有安徽夏炘，字心伯、韬甫，安徽当涂人，与式三同岁，本年中举后，曾任武英殿校录。后成著名音韵学家。式三曾与夏炘通信论学，或由修允为介。《儆居杂著》卷四有《与夏韬甫书》，凡千馀言。其书约作于道光二十一年。见本谱是年。

道光六年　丙戌　1826　黄式三先生三十八岁

式三在定海守制。

式三族叔父黄定文以八十一岁卒于鄞县故里。黄式三《儆居杂著》卷四《族谱东井公传》：『定文字仲友，号东井，墨舫公讳绳先之次子。自幼随父浮梁任，从少钝董公秉纯学。返里从学妻父月船卢公镐，（卢镐，字月船，卢文弨子。引注。）复从樗庵蒋公学镛游。三公皆谢山全先生（全祖望。引注。）之高弟子。公于是尽得其传，慨然有志于经世。以国学生中乾隆丁酉（乾隆四十三年。引注。）省试，屡踣于春闱……甲子（嘉庆九年。引注。）署扬州府，乙丑（嘉庆十年。引注。）署徐州府……丁卯（嘉庆十二年。引注。）夏署松江府……己巳（嘉庆十四年。引注。）署常州府，大吏俱倚任之。方以卓异保荐，而君乃引病归，是时君精神矍铄，年止六十四耳。君前在扬州同知署以事间修辑家乘，汲汲于敬宗收族之义。退居后如建旌忠祠，浚三喉，亲任其劳……卒于道光丙戌九月二十一日，年八十有一。生子三，式邕、式瓒、式同。」按，此前嘉庆三年黄兴梧至鄞县抄录家族旧谱，时黄定文在外任。此后咸丰元年鄞县黄氏族人邀式三前往续谱，式三又为黄定文子式邕、式同撰家传《族谱菁山公传》《族谱支山公传》，俱载《儆居杂著》，时黄定文已逝。黄兴梧与黄定文两家向有往来，但未见式三面晤定文之记载。咸丰元年式三、以周曾往鄞县晤黄定齐，定齐为定文族弟，且长年事定文幕。参见本谱咸丰元年。台北新文丰出版公司版《丛书集成续编》收有黄定文《东井文抄》影印本。

道光七年 丁亥 1827 黄式三先生三十九岁

式三服除。创《论语后案》稿。黄以周《先考明经公言行略》：「年三十有九，创《论语后案》稿。」

道光八年 戊子 1828 黄式三先生四十岁 黄以周先生一岁

四月 十七日，式三侄黄式颖子。黄以恭生。黄以周《儆季文抄》卷二《爱经居杂著叙》：「昔吾叔父茂才稽生公（黄式颖。引注。）与吾先考明经公（黄式三。引注。）最友爱，早以经学名于世。道光八年夏四月，叔父生吾兄质庭。（黄以恭字质庭。引注。）越二月，以周生，元名曰「以同」。先考谓吾叔父曰：「二子同年生，后同居讲学，长如我今日昆弟，至足乐也。」」黄以周《儆季文抄》卷六

《先兄质庭志传》：『黄以恭，字质庭，紫微庄人……父增广生式颖，字稽生，亦笃行君子也。以恭幼慧，从伯父（式三。引注。）读经，能知大义。伯父钟爱之如其子。』

六月十五日，以周生。以周初名以同，字经籑。籑音撰。缪荃孙《续碑传集·中书衔处州府学教授黄先生墓志铭》（后简称《黄以周墓志铭》）：『先生讳以周，字元同，号儆季，浙江定海厅人……本名以同，字经籑，后出试，同知某命改从今名。』黄式三《儆居杂著》卷四下《以同字说》：『以同字经籑，后遵厅尊命改名以周，字元同。』

道光九年　己丑　1829　黄式三先生四十一岁　黄以周先生二岁

式三始作《族谱唐太傅明远公传赞》。载《儆居杂著》卷四。道光十七年竣稿。

道光十年　庚寅　1830　黄式三先生四十二岁　黄以周先生三岁

式三《论语后案》编竣。黄以周《先考明经公言行略》：『年四十二，稿（指《论语后案》稿。引注。）甫毕。自言此后心始有主，异于少年之跅弛不羁。』《清史列传·黄式三》：『生平于经说不拘汉宋，择是而从。恒恐私智穿凿，得罪圣经，中夜自思，怵然不寐。著《论语后案》二十卷，谓「……凡此古今儒说之荟萃，苟有裨于经义，虽异于郑君、朱子，皆宜择是而存。因广收众说，附以己意而为是书。」吴县吴锺骏、上元朱绪曾皆以为「汉宋持平之著，可垂国胄。」』

道光十一年 辛卯 1831 黄式三先生四十三岁 黄以周先生四岁

三月十七日，式三元配夫人袁氏卒，时年四十三。黄以周《先考明经公言行略》：『元配袁孺人……卒于道光辛卯三月十七日。』黄式三《儆居杂著》卷四《袁氏曾祖妣及亡室事实》：袁氏『卒于辛卯岁，纪年四十有三，不及曾祖妣之年之半焉。然族姻中相知者称袁氏两世之贤淑云。』《清史列传·黄式三》：以周『性孝友，四岁丧母，长而追思不已。事继母如所生。』

道光十二年 壬辰 1832 黄式三先生四十四岁 黄以周先生五岁

式三本年成岁贡生。据《光绪定海厅志》卷七《选举表》第十四页。

道光十三年 癸巳 1833 黄式三先生四十五岁 黄以周先生六岁

浙江学政陈用光往宁波按试贡生，得式三文，阅而称赏。陈用光，字石士，江西新城人。姚鼐弟子。本年六十六岁。本年春，以礼部右侍郎调任浙江学政。《清史稿》有传。黄以周《先考明经公言行略》：『陈公石士，海内文宗，临试得文，（指式三文。引注。）称赏不已，以孙渊如、（孙星衍。引注。）段懋堂（段玉裁。引注。）相许。』遂邀入幕。式三得与吴德旋、本年六十七岁。俞正燮、本年五十九岁。许瀚、本年三十七岁。沈垚本年三十五岁。等共事校文。袁行云《许瀚年谱》本年：许瀚『在杭州。为何凌汉校文……何凌汉奉调回京为吏部右侍郎，新任学政为陈用光……（许瀚）与沈垚留杭，随陈用光校文。时杭州使院老宿有严可均、黄式三、吴德旋、俞正燮，苗夔亦至。」《清儒学案·儆居学案》『儆居交游』一节列有吴德旋名。吴德旋（1767-1840）字仲伦，为姚鼐名弟子，晚年在鄞县一带馆幕，本年在陈用光幕。吴德旋《初月楼文续抄》卷四《南枝偶吟草序》：『道光癸巳春，余与金陵袁鹤潭皆客浙江学使陈石士先生幕府中。』《儆居杂著》卷四下《功过格说》文后附录有吴德旋评语：『吴仲伦曰：严简细密之文。』吴德旋与定海关系颇多，其《初月楼文抄》《续抄》收录有道光十一年德旋在宁波作《重修（定海）延陵书院记》，及数篇与定海诗人厉志往还文字，惟不及式三名。厉志字心甫，号骇谷。《光绪定海厅志》有传。俞正燮（1775-1840）字理初，安徽黟县人。道光元年举人。《儆居集》前附道光二十八年冬刘灿《叙》：『黄友薇香生平熟于声音训诂之学……读其集……由是读其经注，知其不为无用之空谈也。昔王简夫读其书曰：「事理通达，心气和平。」俞理初评其文曰：「抉经之心，执圣之权。」』王简夫即王约，式三友。见本谱道光二十六年。式三《儆居集》中有数篇文章后附俞氏评语（见本谱咸丰八年引），知式三、俞氏互重。

本年　**以周与以恭入家塾，习《说文》部首。**黄以周《儆季文抄》卷二《爱经居杂著叙》：『……六岁同入塾，兄（指黄以恭。引注。）质敏，逸而功多。吾质钝，劳而功少。』缪荃孙《黄以周墓志铭》：以周『少承家学，与兄儆孟、（黄以愚。本年十九岁。引注。）儆仲（黄以巽。本年十八岁。引注。）相砥砺。六岁入塾，识《说文》部首字，遂读经。先《礼》，次《诗》《书》，次《春秋》《易》。每一业毕，辄条分节目，疏通大义。』

道光十四年 甲午 1834 黄式三先生四十六岁 黄以周先生七岁

式三约于本年随陈用光赴浙西岁试。黄以周《先考明经公言行略》：式三『一介士，经济无所表现……生平一应学使者分校之聘，所取多名士。』于陈用光幕中晤严可均。严可均《春秋释叙》：『定海清贫好学之士，有黄薇香其人者，甲午甫见之，叩所学，有《论语后案》二十卷。』此文作于道光十九年，载《定海黄氏所著书》第四册前附。严可均（1762-1843）号铁桥，乌程骥村人，嘉庆五年举人。孙星衍聘与校书。本年在建德教谕任。其道光十八年自订本《铁桥漫稿》未收此文，集中也未见其他与式三有关文字。后道光十九年式三往乌程骥村再访可均，同年冬式三有《与严铁桥书》，载《儆居杂著》卷四。其文云：『铁桥先生阁下，式三自甲午（即本年。引注。）与同馆节署，蒙示以读书之法，心钦仰焉。』馀见本谱道光十九年。陈用光本年重刊南宋陈傅良《止斋文集》，其中编校者列有式三名，而式三未与其役。黄式三《儆居集》子集二《读陈止斋集》：『《止斋文集》重刊于道光甲午，式三以有事未得与校之役，而书中列式三名，谬冠卷首，抱愧殊深。』此文作于咸丰四年。道光十四年刊《止斋文集》未见。检得光绪四年孙依言刊、孙诒让校本《止斋文集》，前有孙诒让序称：『陈侍郎用光视学浙江，复以林本（指乾隆十一年林上梓刊本。引注。）重刻于杭州……陈侍郎重刻时属长兴钱士云为之复校。』式三于金华购《金仁山文集》《年谱》。黄式三《儆居集》子集二《读金仁山文集年谱》：『甲午至金华，售得其（指金履祥。引注。）《文集》《年谱》，益了然其著述之大旨。』此前嘉庆十八年，式三已得金氏书两种，此后道光二十六年重读金氏书，可见式三之好。

四月　式三跋凌廷堪《礼经释例》。《儆居杂著》卷三下《跋凌廷堪礼经释例》。见本谱咸丰八年。

本年　式三馆定海乡绅张世钿家，课其子张成渠读。黄式三《儆居杂著》卷四下《张君雪峰家传》：『张君雪峰讳世钿……邑令郭进士筑城，帑费不足，君出资佽助。泮池石桥塌坏，与从兄某独力修之……君年二十六受知于学使汪公瑟庵，（汪廷珍，嘉庆十八至二十年任浙江学政。其时张世钿二十六岁上下，则其年齿与式三近似。引注。）为郡庠生，乡试屡试不售。中丞富公某拔荐卷之优者，因招君赴紫阳肄业，尤加物色。性嗜书，不惜重价。家储书五千馀卷，而所尤喜者在经学……桂风（张世钿长子张成沧之别名。引注。）复令其弟成渠（张世钿三子张成渠。引注。）受经于余，成渠遂以经学著名庠序，补廪膳生。』张世钿年与式三仿，张成渠为世钿三子，以周为式三三子，则成渠年齿当去以周不远。以周去年入塾，今年读经，则推测式三馆张世钿家在本年前后。

式三致信许瀚，讨论古音韵。信载《儆居杂著》卷四。袁行云《许瀚年谱》本年：许瀚『与黄式三论古音韵之学……（式三）《答许印林书》为商讨古音韵之作，书中提出荟萃全国研究音韵学者一节，颇为有识，亦足见当日研究学术之难。』

以周随式三读《礼记》《士礼》等。唐文治《黄元同先生学案》：『先生幼承家学，七岁读《礼记》，旋受《士礼》《周官》诸经，依次终业。』此文载民国十五年商务印书馆版《清儒学术讨论集》第一集。

约本年，式三长子以愚娶邵氏。据《墩头黄氏谱》。邵氏生嘉庆二十年二月二十二日，与以愚同岁，廪膳生口（所见《墩头黄氏谱》影印件此字难以辨认）女。

道光十五年 乙未 1835 黄式三先生四十七岁 黄以周先生八岁

式三与兄弟分箸。 黄以周《先考明经公言行略》：『年四十八，与兄弟分箸。』

道光十六年 丙申 1836 黄式三先生四十八岁 黄以周先生九岁

一月 式三作《论语后案叙》。 黄式三《儆居杂著》卷一《论语后案原叙》：『式三不揣固陋，搜讨各书……广收众说，间附己意，书成，名之曰《后案》。（即《论语后案》。引注。）夫近日之学，宗汉宗宋，判分两戒。是书所采获，上自汉魏，下逮元明以及时贤，意非主为调人，说必备乎众是。区区之忱，端在于此，而分门别户之见，不敢存也……道光丙申正月自叙。』

四月 二十五日，式三作《晚儆居记》，自记此时有肥田十六亩，雇工耕种。又有濒海卤地数十亩，读书室三间。 黄式三《儆居杂著》卷四《晚儆居记》：『晚儆居之主人，黄式三也……年四十八矣，家有肥田十六亩。畸遇丰岁，亩得收谷三石强或四石弱，召人耕种则半之。又有濒海卤地数十亩。数年中海潮，大薄所收。以所收之息偿筑塘之费犹不足。有塘坏地荒、力不能筑者，徒纳税于官焉。家之中有妻，有子男三，有子女二，有子妇一。惟次子知农务，能自食其力……有读书之室三间，卑小而朽，上雨旁风，无能修治而障蔽之，榜之曰「晚儆居」。书此记于其中，时在丙申四月二十五日也。』黄以周《先考明经公言行略》：『年四十八……作《晚儆居记》。』

道光十七年 丁酉 1837 黄式三先生四十九岁 黄以周先生十岁

五月 十五日，式三撰《族谱唐太傅明远公传赞》竣。黄式三《儆居杂著》卷四《族谱唐太傅明远公传赞》：『昔先父命式三曰：「余族以唐太傅公为始祖，谱中所载事迹、年次参差不合。初欲综叙而次第之，别作传赞以载于谱……余老矣，此则汝之责也。」式三受命，惶恐不敢举笔。己丑岁（道光九年。引注。）甫创稿……爰合谱中所引各书及遗诏、志铭与式三所读，书旧谱所未及采引者，掇虑成篇。时在丁酉五月十五日也。』

六月 式三弟子王元恒与黄以愚将朱熹、吕祖谦通信依年次编辑为《朱吕问答》一书，本年竣事，式三为叙。黄式三《儆居杂著》卷一《朱吕问答叙》：『（朱熹与吕祖谦）阔离之馀，问答书辞，覶缕纤悉，尽系所藏，有谅多闻，已可概见。惜其书之存于文集者，年次先后错杂无伦，或一书分为二，或二书并为一也……年远简残，无由搜补，皆读是书者之所缺憾。然据集中所存之书，依序编之，一问一答，伦次秩然。读是书见古之良友善相摩也、过相砭也，出处大节之互相商也……不亦可勃然兴哉？编是书者，余门下生王元恒及余之子以愚共襄事也。书成，审读数四，喜而叙之。丁酉六月自叙。』王元恒字佩韦，定海马岙人。民国十三年旅沪同乡会铅印本《定海县志》（简称《民国定海县志》）《人物志第十》：『元恒少从黄式三游，得其传，后又治宋儒学说，成《朱吕问答》一书。生平严恪廉介，喜为人排解纷难，人多畏敬之，无敢以不义干者。』

本年 式三三女约生于本年。后适方明惇。《墩头黄氏谱》记式三有三子三女，去年撰《晚儆居记》尚言『有子男三，有子女二……』故推测其三女生于本年。

道光十八年 戊戌 1838 黄式三先生五十岁 黄以周先生十一岁

式三应聘，佐镇海参将糜延庆军幕。据民国二十年刊《镇海县志》卷十七《职官表》，糜延庆，江南人，道光十四至二十年在任。**作《平海盗议》《备外寇议》及《兵制十策》等。**黄式三《儆居杂著》卷三《备外寇议》：『近有外寇扰边。柔以抚之，则寇恣；与之敌，则虑挑衅。糜镇将以是问式三，敬议曰：「……夫外寇入境，疆吏御之。御之，而外寇擅自越境，是弱我也。弱我而不能与战，是自弱也。战必待谒于朝，是外寇可以长驱直入而无所忌也。安有疆吏如此而能自固边围哉？……昔唐之衰也，大将在外，必请谋于内，而后敢战，机宜坐失，国遂以危。是可鉴也。」』文后式三自注：『戊戌应糜镇将之聘，作《平海盗议》《备外寇议》。』施补华《黄式三先生别传》：式三『穷居无位，表现者少，而当世之务，筹之甚审……为《兵制十策》，唏嘘于海上之事。凡所经画，烛照数计不啻也。惜当时无用其言者。』黄式三《儆居集》卷二《史说一》前附《国史儒林传·黄式三传》：『尝应聘佐军幕。当路以外寇问，作《备外寇议》，问者色沮。式三曰：「不从此言，数年后必有大寇。」果验。』

式三婿王慈德随其父进京候铨，以《孔子编年》等书寄式三。黄式三《儆居集》读子集四《读狄氏孔孟编年质疑》：『忆戊戌岁，余年五十，应镇邑糜参将之聘。王婿慈德随其父石农翁（王修允。引注。）进京候铨，得狄氏叔颖书，邮寄于镇。（指镇海。引注。）书至，刘友星若（刘灿。

本年五十九岁。引注。）共阅之，叹其《孔子编年》《孟子编年》及《质疑》诸书多前人所未发。余亦以为然。」狄叔颖即狄子奇，字叔颖，号惺庵，室名安雅堂，溧阳人。所谓「狄氏叔颖书」，指道光十年安雅堂刊本《孔孟编年》。检得是书光绪十三年浙江书局重刊本，前附《惺庵先生事略》云，子奇为道光十五年举人，明年会试不第，晚年主讲安徽宿州、河南覃怀等书院，以风疾卒于河南馆舍，年五十六。刘灿，字星若，镇海人，式三挚友。《清儒学案·儆居学案》「儆居交游」一节列有刘灿名。刘灿世居镇海县城长营巷，以镇海名经师获知阮元。道光二十年式三移寓镇海柴桥或即刘灿为之安排，见本谱道光二十年。

道光十九年　己亥　1839　黄式三先生五十一岁　黄以周先生十二岁

二月　式三撰《尚书启蒙》竣，作《尚书启蒙叙》。黄式三《儆居杂著》卷一《尚书启蒙叙》：「伪书（指伪古文《尚书》。引注。）既行，贾、马、郑君之注亦遂亡，学者积非成是，罔识原流。自太原阎氏、（阎若璩。引注。）东吴惠氏（惠栋。引注。）诸君子出，力斥伪书之杜撰。厥后江氏（江声。引注。）《尚书集注音疏》、王氏（王鸣盛。引注。）《尚书后案》、段氏（段玉裁。引注。）《尚书撰异》、孙氏（孙星衍。引注。）《尚书今古文注疏》相踵而出……数千年所谓佶屈聱牙、苦于难读之书，至此文从字顺，各识职矣。顾学者艰于博览，未必得江、王、段、孙四君子之书以发其蒙……式三深悯之。掇拾是篇，提纲略目，主于简易，复为之备志所出，觊学者因略究详，全读四君子之书也……己亥二月自叙。」虞铭新《黄元同先生别传》：「式三……鹜博综不立门户，谓「治经必先治心」。日坐小室中读书，几席寝处，穷老未尝置易。所御桉若倚，被袪衱磨蚀久，皆成凹痕。著《书启蒙》等书，凡三十卷，学者尊之。」

式三携《尚书启蒙》往乌程骥村，再访严可均。骥村地名今存，在湖州市西织里镇。《定海黄氏所著书》第四册前附严可均《春秋释叙》：『已而（式三）来骥村，又以《尚书启蒙》四卷示。余谓二者，（指《尚书启蒙》与《论语后案》。引注。）《书》说为精。薇香自谓：「《论语后案》之所系者大也」。』

冬　式三归定海，作《与严铁桥书》。黄式三《儆居杂著》卷四《与严铁桥书》：『铁桥先生阁下，式三自甲午（道光十四年。引注。）与同馆节署……及今六载，复谒台座，非有别求，觊先生指示得失耳……蒙赐大集（指去年刊竣之严氏家刻本《铁桥漫稿》。此文后就《铁桥漫稿》中论述经字经义抒以己见。文繁不录。引注。）……先生学力精博，安敢轻议，敬陈所知，以示不欺而已。冬寒，为道自爱。』式三《儆居杂著》卷四《答夏韬甫书》：『忆己亥岁到湖州，谒严铁桥先生。严先生斥式三经说多回护朱子。式三闻之而喜者，喜鄙说虽有异于朱子，与今之专为汉学者或不同也。』

道光二十年　庚子　1840　黄式三先生五十二岁　黄以周先生十三岁

五月　式三、式颖修族谱毕。以周记《定海黄氏族谱》凡五修，此为二修。黄式三《儆居杂著》卷三下《族谱书后》：『族谱创自庚申，（嘉庆五年。引注。）越庚子续修之。以族无公资，不能请才学闳博者董其事，（式三）乃与季弟穉生（黄式颖。引注。）言曰：「族中读书者止吾兄弟二人，谱不续修，二人能谢责乎？」穉生唯唯听命，而议遂定。惟是正月创议，越五月续稿甫就。』式三《儆居杂著》卷三下《族谱叙》：式三『年已五十有二矣，悯宗谱之续修，历久愈难，举四十年内之事次第之，而排编之…… 前谱事止于嘉庆庚申，（嘉庆五年。引注。）续谱事止于道光己亥（道光十九年。引注。）……庚子六月叙。』黄以周《儆季集外文》第十九篇《定海五修族谱序》：『道光庚子，吾父明经公暨其弟茂才穆生公复议修谱 …… 定邑遭兵燹，城陷，势汹汹。匆促成书，于旧稿本未及细校，遂挈家眷避兵于柴桥，并什袭旧新两谱，庋藏于「日升堂」二十馀年。』日升堂为式三镇海居室名，咸丰二年入住，咸丰十年命名。

英军来犯。《光绪定海厅志》卷十八：『英吉利归定海城。英吉利人有白黑二种。白种者，高准碧眼，短发而拳曲，皆其本国人。黑种则征自吕宋、孟迈、孟加腊诸部，而奴使之以为舵工水手 …… 二十年五月，大举入寇。粤中防守严，不得逞，遂窜浙洋。』

六月

八日，英军陷定海。《光绪定海厅志》卷十八：『六月八日己丑犯定海。』核之旧历，本年六月七日为乙丑，六月八日为丙寅。

英军头目曾试图礼罗式三，不就，避走镇海。黄以周《先考明经公言行略》：式三『避英吉利之兵，其酋威胁礼罗，并不屈 …… 年五十二，作《求是室记》，曰「天假我一日，即读一日书，以求其是。」』约由镇海旧友刘灿帮助安置于县城东南柴桥镇，遂定居柴桥。民国二十年刊《镇海县志》卷三十二《寓贤传》：『黄式三 …… 来镇与刘灿善，遂卜居于邑南柴桥，课其子以愚、以周能世其学。』式三寓柴桥后与灿往还更密，曾序灿书（见道光二十五年）。灿逝，式三为撰家传（见道光二十九年）。式三、以周述及此时居停，或称『海晏乡柴桥』，或称『紫石村』，或称『甘溪」。海晏乡地名已废，其地今属宁波市北仑区柴桥街道。今柴桥南仍有「紫石」、「甘溪桥」诸地名。式三《读狄氏孔孟编年质疑》：「年五十二遭英咭唎之兵厄，旅寓镇邑，十二年（咸丰二年。引注。）始有居室。」可知式三一家初至柴桥未即定居一地。式三记述甘溪景观之文有《甘溪观鱼记》《修竹轩记》，咸丰六年又作《梅氏宗祠记》。另据镇海黄梦燕老人介绍，式三在镇海定居处今为北仑区柴桥街道前郑村。现前郑村南尚存式三故居，当地人称为黄氏「经书堂」，为两层木结构旧式楼房，西侧已部分损毁，现有黄氏远亲顾某居住。

式三徙镇海之初无所业，课子读，整理旧著。黄式三《儆居杂著》卷一《易释序》：「岁庚子，避兵镇邑之甘溪，行箧所携，只有《李氏集解》《王注》《孔疏》《程传》《本义》及旧所抄《丛说》，（均指关《易》之书。引注。）会象、爻、传之所合，得其纲领。而后推各爻之所变，于是私有所去取，作《易释》焉。」**衣食或凭积蓄及次子黄以巽供给。**黄以巽未随式三迁镇海，留定海故里务农。

本年式三作《求是室记》。黄式三《儆居杂著》卷四《求是室记》：「余之家塾旧题「求是室」，所藏之书用「求是室藏书印」。丙申（道光十六年。引注。）后复题「晚儆居」之颜，而「求是室」之旧颜不废焉。由今思之，前之所谓求是者，是耶，抑非耶？今有自知其非者矣，有前之非而不尽知者，不能强也。然则今之所谓是者，安知其实是？今之所谓非者，安知其真非？天假我一日，即读一日之书，而求其是。求之，云尔，其是与非，俟后人定之，己不能定也。」

道光二十一年　辛丑　1841　黄式三先生五十三岁　黄以周先生十四岁

八月　英军再犯定海。我总兵葛云飞战死。继而镇海、宁波沦陷。

《光绪定海厅志》卷十八《大事志》：「二月，英吉利归定海城。钦差大臣裕谦分兵戍之。四月，升定海县为直隶厅，以同知莅之……八月，英吉利复入寇。总兵葛云飞力战死之。戊戌，（十七日。引注。）城陷。丁未，（二十六日。引注。）英吉利陷镇海城。庚戌，（二十九日。引注。）陷宁波府城。」

式三挈家避居镇海甘溪。编《汉郑君粹言》。

黄式三《儆居杂著》卷一《汉郑君粹言叙》：「道光辛丑为此书。越己酉（道光二十九年。引注。）改订而叙之。」

又作《畏轩记》。

黄式三《儆居杂著》卷四《畏轩记》：「夫缓读经而急治心，「致良知」者之所以求速成也。考训诂、辨文字声音，自谓「格致」之道宜如是。而于性情之大，置之不治，即治之而未深其功，此「致良知」者之所叹惜，而读经者之所宜知畏也。适避兵甘溪，爰题所寓之轩曰「畏轩」，闻人说兵戎事则悚然畏之。读经而不治心，犹将百万之兵而自乱之，尤可畏耳。辛丑六月自识。」

又曾致信许瀚，商讨音韵。

袁行云《许瀚年谱》道光二十一年：「黄式三作《答许印林书》。载《儆居杂著》卷四，介绍《论语后案》的改动，并商讨一些古音问题。本年许在京，先有书信致黄。」

本年　式三友、亲家王修允挈家往依安徽当涂夏炘。式三致夏炘信或作于本年，与讨论性理之学。

黄以周《儆季文抄》卷六《沈邱知县王君石农志传》：「时定海两失守地，为英法二国兵蹂躏。修允曰：「此非吾所居也。」遂挈其家属往依其友夏炘。炘，安徽人。初，修允在京师，与炘同校录武英殿，（此为道光五年事。见本谱是年。引注。）新相知如旧识，令其长子慈德（王慈德。式三长女婿。引注。）往受业。炘旅里，又遣慈德就学于当涂。慈德字伯水，乡贤黄讳（式三。引注。）之婿也。初从讳（式三。引注。）讲学，实事求是，不分汉宋门户。自从夏炘游，遂一归宋学。今其后裔占籍当涂，惟一子守先茔，留白泉。』式三《儆居杂著》卷四有《与夏韬甫书》，约作于本年。中有『七月二十一日奉读手书……先生数千里外致书，不虚誉式三所是，而详纠所非，古人正道，于此复见……忆己亥岁（道光十九年。引注。）到湖州谒严铁桥先生……』数语，推知作于道光十九年后，本年王修允避兵乱往依夏炘，『又遣慈德就学于当涂』，味式三语意，此信或由女婿王慈德带转，而式三长女或亦随王慈德迁徙安徽当涂。

道光二十二年 壬寅 1842 黄式三先生五十四岁 黄以周先生十五岁

式三携家寓居镇海紫石村，闭户课子孙，重理旧稿。镇海胡洪安自荐为式三弟子。黄以周《儆季文抄》卷六《胡君菈庵家传》：『胡君讳洪安，字禹甸，别字菈庵……世居镇海泰乡之朱塘村。自幼……辍学，性倜傥，不少羁……后家日以起，既而曰：「此非治身之道也。」乃购朱子《小学》（即《小学集注》。引注。）《近思录》诸书读之，励志力行，痛改前日所为，居丧致祭一依家礼。时吾先君子明经公（式三。引注。）寓居紫石村，闭户课子若孙以朴学，世之人咸以为无华，无过而问之者。君闻而欣然曰「是吾师也」。无人为介绍，突执贽前来，明经公嘉其有志，而苦其早失学，告之曰：「子归读《论语》以植其体，读《戴礼》以践其实，斯可矣。」居数年，文字适，训诂通，又来请益。明经公曰：「治经学非子所及也，读有宋诸子书以充其识，斯可矣。」于是浏览宋元明儒先书，而心悦陆象山之言。』后以周又数与胡洪安论学，间有争辩。见本谱同治五年、光绪三十一年。

道光二十三年　癸卯　1843　黄式三先生五十五岁　黄以周先生十六岁

式三父子在镇海。

严可均约于本年为式三《春秋释》作叙，旋卒。《定海黄氏所著书》第四册前附严可均《春秋释叙》：『今又以《春秋释》示，（前此严可均已读式三《论语后案》《尚书启蒙》，见本谱道光十四、十九年。引注。）何撰著之不倦能如是？盖其所蕴者素矣。薇香貌朴，言讷且谦。独与言「《春秋左传》之旧例不足信」则龈龈，如不申其说不止。以为今《春秋》说之行于世者，轻驳《左传》凡例，皆乱道也。余聆其言而怖之。今读其《春秋释》一卷，乃知其说不诬。』式三自撰《春秋释叙》在明年。严可均本年卒，推测式三《春秋释》竣稿先示严氏。又，《儆居杂著》卷四下有式三作《严孝子天佩家传》，当亦作于本年。天佩名严廷瓒，顺、康间乌程骥村人，当为可均族先人。式三后加附记：『天佩事所载多失实。此据严铁桥所考述。铁桥请作，因撰此。』

道光二十四年　甲辰　1844　黄式三先生五十六岁　黄以周先生十七岁

式三父子在镇海。式三作《春秋释叙》。载《儆居杂著》卷一，末署『道光甲辰正月自叙』。本谱嘉庆四年曾引。

道光二十五年 乙巳 1845 黄式三先生五十七岁 黄以周先生十八岁

式三偕以周馆于慈溪章桥富商成仁聚家，至道光二十七年。教其子成怀峤。黄式三《儆居杂著》卷四下《成翁星文暨子荇香家传》：『成翁星文讳仁聚……嗣先业习贾于苏州……中年好阅史，能知评论家之是非，而教子以通经为本……子怀峤用是从余学三年，留心于《易》，既读李鼎祚《集解》，以合汉唐注，复合抄通志堂所刊宋儒诸注（指《通志堂经解》中说《易》书。引注。）……成仁聚卒于道光丁未，（道光二十七年。引注。）越庚戌（道光三十年。引注。）怀峤入泮，（选入京师国子监。引注。）年二十二，亦卒……怀峤字荇香，《易》稿藏于家。』《清儒学案·儆居学案》『儆居弟子』一节列有成怀峤、张成渠名。国家图书馆藏《易传通解初稿》稿本四册，（索书号〇八七五二，已提入善本库，有全国图书馆文献缩微中心发行胶片一盘，编号同）署黄式三撰。经笔者核对，此稿本非黄式三著作，为成怀峤所著，即上引文『《易》稿藏于家』之『《易》稿』。惟稿本第一册前附黄式三致成怀峤信一件，为式三手迹，颇可贵。抄录如下：『玩易六十四卦已毕。系辞、传，始录数段。所作尊大人家传寄视，未识是否。前来时艺及经解数篇，祈统验收。张遽轩对联并托送。此达。瀛乡贤契。薇香。』见本谱前附此信影印件。

同时开始编辑《周季编略》。黄式三《儆居杂著》卷三下《任氏礼说跋》：『（式三）向爱任氏钓台之文（任氏即任启运，乾隆九年以七十四岁卒。学宗朱子。引注。）……乙巳馆慈溪，坊友以吕氏（吕祖谦。引注。）《大事记》及任氏《易》《礼》《四书注》（约指任启运《周易洗心》《礼记章句》

及《四书约旨》诸书。引注。）强委之，因得《大事记》而撰《周季编略》，固喜之任氏书竟未暇深览。戊申（道光二十八年。引注。）季子以周撰《十翼后录》，命取其说。』章炳麟《黄先生传》云以周编《十翼后录》在明年。

式三又为友刘灿《续广雅》重刊本撰序。黄式三《儆居杂著》卷四《刘君星若家传》：『式三于乙巳书先生《续广雅后》，而未遍读其著述，不敢遽为文……《续广雅》刊于己卯，（嘉庆二十四年。引注。）后复增删，重刊于乙巳。』灿家素贫，所著多未刊，惟《续广雅》两刊布。式三为作《续广雅后》载《儆居杂著》卷一。

黄以恭成廪生。黄以周《儆季文抄》卷二《爱经居杂著叙》：『定海遭兵燹，吾先考挈家眷避镇海。自此遂与兄（黄以恭。引注。）长别离。既而兄补博士弟子，旋食饩，吾皆后兄一年、二年。』明年以周补诸生，则以恭成廪生当在今年。

道光二十六年　丙午　1846　黄式三先生五十八岁　黄以周先生十九岁

式三父子馆于慈溪章桥成家。式三得读宋元浙东四学者书。黄式三《儆居集》子集二《读金仁山文集年谱》：『丙午，复于慈溪成氏（成仁聚家。引注。）见何北山、（何基。引注。）王鲁斋、（王柏。引注。）金仁山、许白云（许谦。上列均为宋元之际浙东学者。引注。）四先生论孟之说，合刊为一书。有何北山、王鲁斋说与朱子异者，金仁山以为是。有金仁山说与朱子异者，许白云以为是。此数子皆谨守朱子之学，而意在明道……其学不拘一家，如是可以为法。』

式三与好友刘灿、时与兰本年五十九岁。**为王约**本年六十岁。**祝寿。**黄式三《儆居杂著》卷四《王君西屿家传》：『「不以己之所是拒人之所是，闻人有不是，谆谆然，必使之共归于是。心既虚且公，而急于成人之美。晚近学者无是也。」丙午岁，式三以斯言寿君，（王约。引注。）刘君星若、时君乃庵皆以为实录，则君以是为可传也已。君讳约，字简夫，少承其父五树公之训……受业于讷斋柯先生，（柯振岳，字霁青，号讷斋。慈溪贡生。候选教谕。引注。）情同父子。诣苏州一年，校刊柯师《兰雪斋集》，（柯振岳《兰雪斋集》有嘉庆二十三年藏修斋精刊本。引注。）并校刊其外祖石台余先生《醉去楼诗草》，（石台余先生即余江。光绪《慈溪县志·王约传》云：并校刻外祖余江《醉去楼诗草》。引注。）则君笃于外家及师门之传授，均为不负。』黄式三《儆居杂著》卷三下《读春秋各忘叙》：『简夫长余二岁，乃庵（时与兰。引注。）长余一岁。』王约，号西屿，慈溪人。于古儒信奉汉之马、郑，宋之程、朱，于近儒服膺段玉裁。钮树玉驳段氏，王约为一一申辩。光绪二十五年刊《慈溪县志》卷三十三《王约传》称其『咸丰元年卒』，误。《王约传》附记时与兰：『同时时与兰，字纫甫，以廪贡生援例授训导。家居课徒经史，读书躬自校雠。与约（王约。引注。）及定海黄式三友善。式三谓其精不如约，而博则过之。亦以咸丰初卒，年六十有四。』黄式三《王君西屿家传》记王约道光三十年卒，时与兰咸丰元年卒。

本年以周补诸生。缪荃孙《黄以周墓志铭》：『十九，补诸生。』黄以周《儆季文抄》卷二《爱经居杂著叙》：『定海遭兵燹……时兄（黄以恭。引注。）居海之东，我居海之西，相去数百十里。约兄作经课，月必各寄文互相质。集（指黄以恭《爱经居杂著》。引注。）中有与吾著文同题者，皆此时作也。而兄自以为未足，凡我有所纂述，兄必取而录之。兄之作，我时好之，不克录，是我不及兄之勤。既而兄以经学受知于张文贞，（张锡庚。咸丰八至九年在浙江学政任。引注。）选拔贡成均，（黄以恭拔贡在咸丰十一年。引注。）吾犹列诸生。」章炳麟《黄先生传》：「先生少承父业，以传经明道自任，言「著书当质鬼神，俟后圣。」年十九，为《十翼后录》，非其至也。」据《碑传集三编》。以周编《十翼后录》始于去年，前已辨。

以周元配梅氏约于本年来归。

道光二十七年　丁未　1847　黄式三先生五十九岁　黄以周先生二十岁

年初　式三馆于慈溪章桥成家，编《周季编略》竣，作《周季编略叙》。成仁聚卒，见本谱道光二十五年。别去。

本年　式三曾往温州，晤方成珪。方成珪（1785-1850）号雪斋，瑞安人，本年六十三岁。郑伟章先生《文献家通考》第六九三页有方成珪条，称其「嘉庆二十三年举人」，误。同书第一一七四页又有方雪斋条，系抄自孙诒让《籀庼述林》，且云「其名、字、生卒年及仕履均不详」。钱仲联主编《中国文学家大辞典·清代卷》方成珪条称「生卒年不详」，「咸丰间以老病告归卒」。今检得首都图书馆藏民国三十八年前后编排本《瑞安县志》，为印样、手稿、校样等合订一书。卷十九第十页有方成珪传：「嘉庆十三年戊辰科举人。丁丑（嘉庆二十二年。引注。）考取景山官学教习，道光中历任海宁州学正、宁波府学教授……以为韵书莫详于《集韵》……同时黄式三甚赏异之。瑞安治考据之学自成珪始……为教官数十年，清贫乐道，陋巷老屋，图史外别无长物。生乾隆五十年乙巳九月，卒道光三十年庚戌六月，年六十六。葬北门外圣寿寺侧。」式三请方氏审校《周季编略》。方氏为撰《周季编略跋》，后附刊于同治十二年浙江书局刊本《周季编略》后。黄式三《儆居杂著》卷一《周季编略叙》：『式三少爱《国策》之文。及长，复合《史记》，校订其字句之异，而窃怪二书所载贞、考、威、安、烈、显、慎、赧之故实，善言善行之足法者少，不善之足鉴者多。继而泛览周末及秦汉诸子之书，始信「周之衰，老师、大儒犹在」，唐韩子之言为不诬。书缺有间，其轶见于它说而欲汇为一书，未暇耳。今馆慈邑章桥，合《史记》……《通鉴》及《稽古录》、吕氏《大事记》及《解题》与朱、赵《纲目》诸书……裒集二百四十八年之事，列国之强弱、存亡，既为之考其本末，溯其原流……或许以读史之有小补也欤。道光丁未春自叙。』式三咸丰八年所作《儆居杂著》卷三下《周季编略书后》：『《周季编略》稿再易，幸得方雪斋先生校读一周，后四五更改，欲就正有道，未遇其人。今誊写已毕，惜方先生已为古人。』式三为方著《集韵考正》撰叙。黄式三《儆居杂著》卷一《书集韵考正后》：『方雪斋先生渊博有识，因《集韵》之所引……订其讹谬，补其夺漏，而名之曰《集韵考正》。书成于乙巳（道光二十五年。引注。）以前，续改于丙午（去年。引注。）以后，用功勤而校雠精，《集韵》自此成完书矣……式三皮肤末学，不能仰测高深。书成命读，敬识数言。』国家图书馆藏方成珪撰《韩集笺正不分卷》稿本，录有黄式三跋。式三又撰有《温州浩然亭考》。载《儆居杂著》卷四，中云『式三至温州，谒信国公之庙。』

道光二十八年 戊申 1848 黄式三先生六十岁 黄以周先生二十一岁

八月　十五日，式三《易释》定稿，作《易释叙》。以周广搜《易》注，编辑《十翼后录》。　黄式三《儆居杂著》卷一《易释叙》：『今岁子以周广搜《易》注，编为《十翼后录》，朝夕问难。因为之校阅而考定，知《易释》之与注、疏、传、义异者，古人多先我而校正之……爰是增删《易释》，曰《彖爻合释一》，曰《同辞合释二》，曰《疑义分析三》，曰《通释四》。藏之家塾，为读《易》之门……道光戊申中秋自叙。』又，《清史列传·黄式三》：『治《易》，言卦辞一意相承。六十四卦爻辞同者，亦一意相承。又释系辞传衰世之意……著《易释》四卷。』味式三《叙》，以周之编所谓『后录』，似有《易释》之后意。而黄以周《上俞荫甫先生书》云：以周『年二十馀，好读《易》，病先儒注说，于画、（指《彖传》。引注。）象、（指《象传》。引注。）爻（指《爻传》。引注。）下，自骋私说，揆诸圣传，往往不合，于是有《十翼后录》之作。』转引自唐文治《黄元同先生学案》。此文未收入《儆季文抄》。文治称：『此书载入俞荫甫先生所刊《袖中书》中，先生生平著作梗概，粗具于是矣。』

本年　《儆居集》编竣。傅梦占、刘灿为《儆居集》撰叙。　《儆居集》前附傅梦占《儆居集叙》：式三『所著书如《易释》《尚书启蒙》《春秋释》《论语后案》《周季编略》《郑君粹言》《朱吕问答》，皆各自成书。复以《诗传笺考》之未成，掇为《诗说》；《礼丛说》之未成，掇为《礼说》；并列于集中为《经说一》。复以读《史》、读《通考》之文有关于经济之学为《史说二》《读通考三》。（《清史列传·黄式三》云：读史喜《文献通考》，而时论定马氏之阙失。引注。）复以历世子集之醇驳，可以考见前世之得失，为《读子集四》。杂著类，则应用之文。共若干卷……道光戊申冬，肖严傅梦占撰。」《儆居集》前附刘灿《儆居集叙》：「灿晚年寡交，自谓得一知己可以无恨，于薇香尤注意焉。独惜其不能用于世耳。今读大集，复问集中所不言者之何若？薇香以为「事之大，不敢论定者「有之。再四问之，则曰「文武分而官联失。晁错重农贵粟之计行，而官廉堕也。」……道光戊申冬，星若刘灿书。」

以周长子黄家辰约生于本年。家辰堂名「带经」。黄以周《儆季文抄》卷六《带经草堂记》：「家子家辰喜锄山，辟地二区，余嘉其有古道，犹贤乎游闲之士习，且告之曰：「古者学士，半农人也……」爰取汉倪宽事颜其草堂曰「带经」。」

道光二十九年　己酉　1849　黄式三先生六十一岁　黄以周先生二十二岁

式三好友刘灿卒。黄式三《儆居杂著》卷四《刘君星若家传》：「刘友星若先生讳灿，道光己酉，年七十卒于家。其子庠请式三作传……（刘著）《诗缉补义》定本，增减于旧刊本者十之四，以家贫，未得重刊为憾。」此文作于咸丰三年。

式三改订道光二十一年编《汉郑君粹言》并叙。

式三长子黄以愚成副贡生。据《光绪定海厅志》卷七《选举表》。

式三友谢仲谐子谢骥德成贡生。据黄式三《儆居杂著》卷四下《谢仲谐家传》。

道光三十年　庚戌　1850　黄式三先生六十二岁　黄以周先生二十三岁

式三作《续韩子五箴》。五箴即游箴、言箴、行箴、恶箴、名箴。黄式三《儆居杂著》卷三《续韩子五箴》：『唐韩子曰：「人患不知其过。既知之，不能改，是无勇也。余生四十有八年……作《五箴》以讼其恶」云。黄式三曰：韩子年四十八，实为元和乙未，距今道光庚戌千有三十六年，读其辞而见其心，如亲炙之。式三因此自省，益自惧也，年已六十二，过恶之积奚似，至此犹可自恕乎，乃续《五箴》。』又，施补华《黄式三先生别传》：『年六十二，仿唐韩愈作《五箴》，提呼惕息，老而愈确。而居心乐易，不立崖岸。凡亲戚僚友之有问者，子弟之请业请益者，告之一出于诚，故乡人服其义，而后生之造就尤众。』

又作《汉三十处士传赞》。明年撰竣。黄以周《先考明经公言行略》：『年六十二，述汉三十处士事，而缀以赞。』所谓『三十处士』，指郑璞（子真）、严遵（君平）、李宏（仲元）、向长（子平）、逢萌（子庆）等。

式三好友慈溪王约卒。明年式三为撰家传。

咸丰元年　辛亥　1851　黄式三先生六十三岁　黄以周先生二十四岁

春

慈溪时与兰卒。亡友王约之子来请，式三为撰家传。黄式三《儆居杂著》卷四《王君西屿家传》：『迩日四明谈经之士，在镇海曰刘君星若，（刘灿。引注。）在慈溪曰王君西屿、（王约。引注。）时君乃庵。（时与兰。引注。）刘君卒于己酉，（道光二十九年。引注。）王君卒于庚戌，（去年。引注。）时君卒于今岁辛亥之春。式三于是叹知心之友为少，而力维古学者之不易得也。春季式三诣郡城修族谱，王君之子肃猷来，哀泣请作传，奉其父之著作曰《诗学自怡录》，曰《说文新附缠考》，曰《段注说文私测》，曰《同文音义释要》，《文抄》二，经其师柯讷斋先生（柯振岳。引注。所评，曰

《不遮山楼杂著文》，后自订者曰《不遮山楼且存草》。《诗抄》七，曰《莲心小草且存》，曰《吴山樵唱且存》，曰《云岑余草》，皆其柯师所评，曰《兰畦小草》则其后自订者也。式三审读再四，知王君之学为不欺矣……《文抄》中录《与式三书》（《清儒学案·儆居学案》称王约《文抄》中有与式三书，或即依此句推言。引注。）言宋本朱子《论语注》之异，必遵守其定本。而《与魏友云浦书》则曰，朱子注《易》，以元亨利贞之四德，是孔子之《易》，非文王之意……』

式三应邀赴鄞县修黄氏族谱，撰《鄞县族谱叙》。黄式三《儆居杂著》卷三下《族谱书后》：『辛亥，郡城（指鄞县黄氏族人。引注。）邀式三修谱，得见其丁巳（嘉庆二年。引注。）写谱、戊辰（嘉庆十三年。引注。）印谱，二者合读，审绎数四，校正为多。而秋间抱病，鄞谱亦未精核，而遽竣事。既归，乃复自阅其族谱，定讹辟谬，益有端绪。以手腕疲弱，未能亲誊。命子以恩、以周续书之……咸丰丙辰八月式三书后。』黄式三《儆居杂著》卷三下《鄞县族谱叙》：『我黄氏之居鄞塘乡古干里者，唐太傅公季子大司寇公之旧址也……明正德间，我长房二十三世兄弟六人。起元公讳俊，徙居昌国，即今之定海紫微庄墩头。嘉庆庚申，（嘉庆五年。引注。）先考屏山府君（黄兴梧。引注。）录长房之本支自为谱。道光庚子（道光二十年。引注。）式三重修之。（以上为黄氏迁居定海一支修谱情况。以下为世居鄞县一支情况。引注。）四房之二十三世兄弟三十人。东湖公讳绶，仕至佥宪，徙居郡城（鄞县。引注。）之小江里……嘉庆戊辰，（嘉庆十三年。引注。）司马东井公讳定文七修之。距今四十三年矣。族之长者集议重修，俾式三主之……咸丰辛亥三十三世孙式三撰。』

以周随往鄞县誊录族谱，间治《易》，校订《十翼后录》，又绘《讲易图》。

黄式三《儆居杂著》卷四下《讲易图记》：『辛亥在郡城修族谱，子以周侍侧问《易》，适售得杨用修所刊苏《易传》诸书，校正《十翼后录》，遂绘《讲易图》，明所好也。』此文作于咸丰五年立夏日。

式三族叔父鄞县黄定齐　本年七十三岁。**本年前后在故里组织诗社，阅式三《尚书启蒙》，鼓励有加，又为以周选择科考时文之师。**黄以周《儆季文抄》卷六《族蒙庄府君谱传》：『府君讳定齐，原名定亢，字克家，晚乐庄周之学，自号蒙庄……就族兄东井公（黄定文。引注。）江南任，习刑名钱谷术。学成，赴豫、赴粤、赴扬，足迹半天下，而以赴皖最久。其所主，若费廉使丙章、沈观察学廉、林文忠则徐、梁中丞章钜，皆当世名宦，而以康中丞绍镛之交为最深……晚归田里……初与宋封君双南、何孝廉岱、王学博德洽、洪乘骖、郭傅源、王钧诸茂才联为「吟社」。嗣以顾学博鉽、董明府澜，王明经宗耀仿东井公「二篇会」，减为「一篇」，互以诗文相正。年逾七旬，见族子讳某（指式三。引注。）所著《尚书启蒙》，读之欣然，相告曰：「吾未深经学，但畴昔周流徐、豫间，颇留心《禹贡》。」……族孙以周生晚，一见以为非凡品，优待过其宗，又以所作应举业不合时，亟择名师，令从之。时以周方养疴，违君（指黄定齐。引注。）命，勃然有怒容，其厚望后生又如此。』黄定齐咸丰五年以七十八岁卒，七旬在道光二十八年前后。此言逾七旬，本年式三、以周往鄞县，故定其与式三、以周相见诸事在本年。

八月

约本月，式三携以周归镇海，修订定海黄氏族谱。此谱凡五修，是为三修。此次修订仅据鄞县族谱补充道光二十年修《墩头黄氏谱》失载之先人传记，未增入道光二十年以后墩头黄氏族人生死婚嫁事。

咸丰二年 壬子 1852 黄式三先生六十四岁 黄以周先生二十五岁

式三于镇海始有居室。后咸丰九年命名为『日升堂』。黄式三《儆居集》读子集四《读狄氏孔孟编年质疑》：『余年五十二（道光二十年。引注。）遭英咭唎之兵厄，旅寓镇邑，十二年始有居室。』咸丰九年式三撰《日升堂记》（载《儆居杂著》卷四下）：『余自庚子（道光二十年。引注。）避兵寓镇，壬子，年六十四始有此堂，亦已老将知而髦及至矣。』

式三弟式颖曾协助知县王承楷平息教民与乡人争端。《光绪定海厅志》卷十《人物·黄式颖传》：式颖『中年课徒家塾……时出家藏经学书讲授之，故其徒应试者，多以经解获知于学使。间以余力治人疾，辄应手取效，始终未尝受人馈。自奉极简约，布衣疏食，数十年如一日。咸丰初，西洋天主教盛行，入教者假冒请书，侵夺庙寺屋宇田产，甚至倚势横行，莫可禁止。乡民畏逼，群起而攻。入教者以被抢控，法国领事敏暨主教顾为之索偿，势甚凶。同知王承楷惧激变，属式颖清理西乡事。式颖传集乡人，反复开陈，委曲排解，事乃定。』据《民国定海县志·故实志第十五》，知式颖平息教民事在今年。

咸丰三年 癸丑 1853 黄式三先生六十五岁 黄以周先生二十六岁

式三撰《汉孝子传赞》。载《儆居集》史说四。黄以周《先考明经公言行略》：『年六十五，述汉六十四孝子事，而缀以赞，以见志所向慕。』所谓『六十四孝子』，包括刘恒（文帝）、石奋、金日磾等。

冬 式三应亡友刘灿道光二十九年逝。独子刘庠请，赴镇海城长营巷其家，读其遗文，为撰家传。黄式三《儆居杂著》卷四《刘君星若家传》：『癸丑冬季，（式三）赴其家，（指亡友刘灿家。引注。）阅《诗缉补义》后定本，并见其所抄朱子《大学中庸章句》《论语孟子集注》，各有所校正，益叹先生之实事求是，能化偏执也。』

咸丰四年 甲寅 1854 黄式三先生六十六岁 黄以周先生二十七岁

以周次子黄家岱生。家岱字镇青、让之，号祖望、儆孙。黄以周《儆季文抄》卷二《儆孙丛书题辞》：『镇青名家岱……辛卯（光绪十七年，引注。）卒，时年三十有八。』逆推之，当生于本年。

咸丰五年 乙卯 1855 黄式三先生六十七岁 黄以周先生二十八岁

春 以周作《周易故训订自序》。黄以周《周易故训订序》：『周幼承家君儆居子之训，口讲指书，□□会悟，作《十翼后录》若干卷，会萃先儒之说，条列之，融贯之，若是者有年。今约其说而成是书，择古注之是者从之，其背圣传以解经义有不安者，则足之以鄙意。颜其名曰《周易故训订》。订者，平议之也，不敢矫异于古人，亦何敢阿同于古人，务求实是，毋背圣传至乖圣经也云尔。咸丰乙卯春以周自序。』此文载民国十一年唐文治刊《周易故训订》前附。参见本谱光绪十四年引《周易故训订》前附唐文治跋。

咸丰六年 丙辰 1856 黄式三先生六十八岁 黄以周先生二十九岁

式三再修订《定海黄氏族谱》。是为四修。作《族谱书后》。载《儆居杂著》卷三下。

黄以周《儆季集外文》第十九篇《定海五修族谱叙》：式三『又发所藏墩头两谱重修之，文字斯正，事迹亦臻明备，谱事于以告成，时在咸丰丙辰也。』现上海图书馆藏抄本《墩头黄氏谱》前附叙末署『以病笔咸丰六年七月式三书后』，即此四修墩头黄氏谱。谱中所记族人事迹，最晚止于道光十八年，只第 268 页黄以恭名下有一行『卒于光绪癸未年十二月廿四日亥时 ……』为道光十八年以后事。其笔迹与其他行文不同，明显为后加。

约本年前后，以周撰著《经训比义》。黄以周《上俞荫甫先生书》：『嗣后（以周）喜欢宋儒书，又病其离经谈道，多无当于圣学，甚且自知己说之不合于经，遂敢隐陋孔圣，显斥孟子，心窃鄙之。于是有《经训通诂》（此书后改名《经训比义》。原注。）之作。』转引自唐文治《黄元同先生学案》。以周《上俞荫甫先生书》前言『二十馀好读《易》』，后又言『三十岁以后 ……』，姑系于此。

咸丰七年 丁巳 1857 黄式三先生六十九岁 黄以周先生三十岁

八月 以周为子黄家辰授古本《大学》，式三为言大纲，撰《古本大学书后》。黄式三《儆居杂著》卷一《古本大学书后》：『周儿（以周。引注。）授辰孙（黄家辰。引注。）读古本《大学》，因为之言其大纲，令人知此非一家之私言，乃天下之公言也。丁巳八月儆居老人书后。』

九月　式三患肿胀症，自医而愈，因作《对肿胀问》。黄式三《儆居杂著》卷三下《对肿胀问》：『肿胀之症，张景岳（明代名医张介宾。引注。）以《金匮》（汉张机《金匮要略》。引注。）肾气丸为最。（此句意为：张介宾认为张机《金匮要略》记载的肾气丸治疗肿胀症最有效。引注。）……余年六十九，岁在丁巳，八风失序者三月，于九月初忽得风水症，其至甚速。自知此为风毒所中。医者以年老精衰，力劝用补虚之药，且言补虚犹恐不救，如不用补，将速死耳。然竟用《金匮》风水、皮水之药而愈，均是《金匮》书也。』

咸丰八年　戊午　1858　黄式三先生七十岁　黄以周先生三十一岁

式三改旧作《跋凌廷堪礼经释例》为《约礼说》，是其议论性理学之要件。

黄式三《儆居集》经说一《经礼说》：『《论语》重言「博文」、「约礼」，圣训章矣。礼，即先王之《礼经》也。王阳明《博约说》，博其显而可见之「礼」曰「文」，约以微而难见之「理」曰「礼」。岂圣人之教必待王氏斡补而后明乎？礼，一也。分显、微而二之。文与礼，二也。以礼之显者为「文」而一之，其所谓「理」，谁能明之乎？夫明心见性之学以心为理，自以为是者也。君子博文约礼，存不敢自是之心，而笃于求是者也。此心患其误用，必博学于古人之文……此心因博而易杂，必约以先王之礼。所行或不及，礼以文之。所行或太过，礼以节之。博约如此其难，庶几不畔于理矣。且古之所谓理者，何耶？《礼器》曰「义理，礼之文也。」《乐记》曰「礼也者，理之不可易者也。」然则礼之三百、三千，先王所条分缕析，灿然显箸，别仁义，明是非，君子不敢紊而畔之者。此理也。王氏所谓「微而难见之理」，则自信本心之光明洞彻，万理毕备，己知其是，人莫能见耳。何所据而言之？由来渐矣。《论语》言心，自「从心所欲，不逾矩」始。圣人心与矩一，犹以矩自印，虽曰不勉而中抑，亦圣心不敢自是也，况下者，可无矩乎？胡氏致堂（宋代经学家胡寅，著有《论语详说》。引注。）之注则曰「人心一疵不存，万理明尽。日用之间，本心莹然。随所意欲，莫非至理。」则以臆见为圣心矣。《论语·八佾》篇详言礼，不空言理。胡氏于「媚灶」章注曰「天即理也。理无不在，在人，则人心之昭昭者是也。」心即「理」，即「天理」说，起于谢氏显道，（北宋经学家谢良佐，程门名弟子，朱熹称其学。著有《论语解》。引注。）胡氏喜道谢说，于是先王之礼不言，直言心已矣，直言本心之天理，为天秩之礼已矣。陆氏象山（宋代陆九渊。引注。）言本心，祖谢、胡二氏也，王氏祖陆氏而张皇言之也。以心之臆见为理，而理已诬。以本心之天理言礼，而礼又诬。（《约礼说》正文到此止。后为式三自作小字附记。引注。）凌次仲教授（凌廷堪，精于《礼》学。嘉庆十四年卒。引注。）《礼经释例》，首以《复礼》上、中、下，其下篇云「仁不能舍礼，但求诸理。」又云「求诸理必至于师心。」又云「圣学，礼也，不云理也。此因儒者舍礼言理，指心之微而难见者以为幽妙。」有激而言，矫枉过正。甲午（道光十四年。引注。）四月望后跋凌氏书已言之，但未详耳。阮（阮元。引注。）刻凌书径删下篇，不如驳而存之，余删旧跋改此篇，稿数易而自憾文之未工。年已老而笔枯，读者谅焉。戊午年七十书。俞理初（俞正燮。引注。）曰「约礼学微，心理教起。今日不可无此文。」』按，黄式三学之大者，礼学为一端。此为其论礼名篇，故抄出。其性理观另表述于《申戴氏气说》《申戴氏性说》及《汉宋学辨》，俱载《儆居集》经说三。《清史列传·黄式三》：式三『尤长《三礼》，论禘郊、宗庙，谨守郑学；论封域、井田、兵赋、学校、明堂、宗法诸制，有大疑义，必厘正之。其《复礼说》《崇礼说》《约礼说》，识者以为不朽之作。』张舜徽《清人文集别录·儆居集》：『式三治经宗郑氏。尤长于《三礼》，《论禘郊》《论学校》，皆谨守郑学。然其一生为学，有宗主而无门户，《经说》中《汉宋学辨》一篇，持论极正。《阮元仁论说》一篇，亦有阐幽表微之功……又谓段氏《说文注》中释仁、释敬、释才、释理，皆能去前人之弊，不可以文字声音训诂之学而少之云云。此非拘墟之士所逮知也。段氏之学，出于戴氏，故式三又有《申戴氏气说》《申戴氏理说》《申戴氏性说》诸篇以发明之，意思极好，岂浅见者所能道。（式三于《申戴氏气说》篇末自注云：以申戴为异者，眼孔太小。原注。）』

六月　式三复校订《周季编略》稿，作《周季编略书后》。《儆居杂著》卷三下第一页，末属『戊午六月儆居老人年七十』，本谱道光二十七年曾引是文数语。

八月　二日，式三七十寿庆。式三辞贺。门弟子及诸子以其平生所著辑为《十略》。

黄以周《先考明经公言行略》：式三『著述之有关经史，俱见《十略》。《十略》之一曰《易略》，所著《易释》是也……《十略》之二曰《尚书略》，今古文皆有之。遍采江艮庭、（江声。引注。）王西庄、（王鸣盛。引注。）段懋堂、（段玉裁。引注。）孙渊如，（孙星衍。引注。）参王伯申、（王引之。引注。）庄葆琛（庄述祖。引注。）诸公之书而注之，名曰《启蒙》……《十略》之三曰《诗略》，论诗有《丛说》，既而作《序说通》，作《传笺考》，皆申古序、传、笺，以驳后儒丛杂之谈。后自谓「此未成之书，不足存也」。而其实正有可采者，如「删诗」之说，或据《论语》为疑，辨之曰「《论语》言：诗三百，思无邪。未删之前有邪，思删之。」……《十略》之四曰《春秋三传略》，

《春秋释》是也。杜氏作《释例》，后人多攻之，辨之曰「谓杜例未尽精，可也。谓《春秋》之无例，则因噎废食也……」以总核经例，订杜氏之讹，以成其是。于近儒方氏《通论》、（方苞《春秋通论》。引注。）顾氏《大事表》、（顾栋高《春秋大事表》。引注。）姜氏《补义》（姜炳璋《读左补义》。引注。）纠正为多……《十略》之五曰《三礼略》……《十略》之六，《论语后案》是也。凡经史中引《论语》正文，及经史注中引《论语》旧说，采掇綦备……近儒陆稼书、（陆陇其。引注。）李厚庵、（李光地。引注。）江慎修、（江永。引注。）王予中、（王懋竑。引注。）惠半农、（惠士奇。引注。）戴东原、（戴震。引注。）钱竹汀、（钱大昕。引注。）程易畴、（程瑶田。引注。）段懋堂诸公之说，各采所美……《十略》之七，《周季编略》是也。书始于《左传》末年，终于秦称皇，所以纪周季之事实也……《十略》之八曰《小学略》。小学之书如邵氏、（邵晋涵。引注。）郝氏（郝懿行。引注。）《尔雅疏》、段氏《说文注》，素所深服……《十略》之九曰《经济略》。一介士，经济无所表见，其说见诸《读马氏通考》……然核诸事实者，生平一应学使者分校之聘，所取多名士。一应军幕之聘，当路以外寇问，作《备外寇议》以答之，问者色沮，则正告之曰：「不依此议，数年后必有大寇事。」果验。军中有慕其名约以共筹画者，不就……《对振军气问》《对倭寇海战问》《对浙江海防问》《平外寇议》《殪兕说》，皆慨然言之……又谓，朝廷者，本根之地，故称「本朝」。每遇士子自京师回者，必详问朝廷政事。闻有德政之举，不胜忭喜……《十略》之终曰《文学略》。论文，爱周、秦、西汉。而唐文爱韩子……所作之文意取闳博，虽列、庄，有取者亦取之。惟不用释氏言，非其意所惬也……此《十略》也，明经公（式三。引注。）七十岁辞庆寿，而门弟子及诸子辈所辑者也。」

九月　式三作《明堂位作于武公后说》笔记一则。载《儆居集》经说五。

咸丰九年　己未　1859　黄式三先生七十一岁　黄以周先生三十二岁

七月　式三补去年作《周季编略书后》数语。以周为校读《周季编略》。黄式三《儆居杂著》卷三下《周季编略书后》：「今年六月初旬，日读《易》一卦，或数日一卦。绎思旧义，少有新得。精力疲于前，知向日之所论著，无能自纠正矣。季子以周，自三月中旬起，七月初毕，校读《周季编略》，翻阅原书，择取异同，商改数十处……己未七月儆居老人年七十一又书后。」

冬　式三辑旧作编为《炳烛录》，作《炳烛录叙》。载《儆居杂著》卷一。以周《先考明经公言行略》称式三七十二岁做《炳烛录》，似误，当以式三自叙为准。

本年　以周陆续撰述关《礼》诸文，是为著《礼书通故》之始。黄以周《儆季杂著·礼说一》前附《序》：「初，余读秦氏（秦蕙田。引注。）《五礼通考》，病其吉礼之好难郑，军礼之太阿郑。每一卷毕，辄有作。既而撰《礼书通故》，遂辍业。」《清史列传·黄式三》：以周「为《礼书通故》一百卷，凡叙目四十九……阅十九年而后成书……论者谓其「博学详说，去非求是，足以窥见先王制作之堂奥。比秦蕙田书，博虽不及，精或过之。」」「博学详说……」为俞樾语，见本谱光绪十六年引。黄以周《答俞荫甫先生书》：以周「三十岁以后又好读《礼》，苦难记忆，乃分五礼类考之，会萃旧说，断以己意，撰《吉礼说》未竟，以兵燹（指明年太平军事。引注。）辍业。旋以先人弃养，

（在同治元年十月。引注。）读《礼》苫次。于小祥后，（同治二年十月以后。引注。）撰《凶礼说》，合订之，名曰《礼经通诂》。」此文转引自唐文治《黄元同先生学案》。『名曰《礼经通诂》」后排小字唐文治注『此书后改名《礼书通故》」。

咸丰十年 庚申 1860 黄式三先生七十二岁 黄以周先生三十三岁

太平军攻占镇海。

式三长女婿王慈德逝。式三在镇海始获私田。似与邻里有隙。黄式三《儆居集》读子集四《读狄氏孔孟编年质疑》：『今……复寻阅其（指狄子奇《孔孟编年》，道光十八年王慈德自北京寄式三。引注。）考核之功，而慈德已不在世。惋惜深之。慈德自从夏韬甫（夏炘。引注。）学，墨守朱子，以狄说不申朱子所已言，而专于补阙，意不以为是。而如二编年之精核，本无碍于朱子，亦未克领服。足见读书之难……余……旅寓镇邑十二年（指咸丰二年。引注。）始有居室。今又越八年，始有园圃，得种藜藿以为羹。旅居寡耦，意以亲仁善邻为务，而以仁之可亲者寡，邻之难睦而易忤，未尝不叹遇人之艰难矣……慈德以呕血死，未识能知命否，从余学者应知之。书此以示。时年七十二。」

复名其居室为『日升堂』。见本谱咸丰二年引。

式三作《读狄氏孔孟编年质疑》《知非子传》，删改《论语后案》。黄以周《先考明经公言行略》：『七十二岁……又作《知非子传》……年七十二，删改《论语后案》。」

以周《礼书通故》中之《吉礼说》部分作于本年。

咸丰十一年　辛酉　1861　黄式三先生七十三岁　黄以周先生三十四岁

式三始撰《经外绪言》二十一篇。明年与别文合编为《黄氏塾课》。读金榜《周官赋法说》并跋。载《儆居杂著》卷一。读江藩《汉学师承记》并跋。载《儆居杂著》卷一。

黄以恭本年拔贡。据《光绪定海厅志·选举》。

冬　俞樾本年四十一岁。避太平军至定海。郑振模《清俞曲园先生樾年谱》本年：『先生闻警，避居上虞乡间楂浦。九月朔日，太平军占山阴。先生以楂浦地近绍兴不可居，又挈眷走避海滨，租草舍，暂栖再关，间至宁波，附航船至舟山避乱。冬滞留定海，岁末由定海乘小轮船往上海。』《清儒学案·儆居学案》列俞樾名于『儆季交游』中，而《曲园学案》却列以周名于『曲园弟子』中。唐文治《黄元同先生学案》称俞樾于以周『不敢以师自居也』。黄、俞之交约始于同治七年。

同治元年　壬戌　1862　黄式三先生七十四岁　黄以周先生三十五岁

式三应镇海亡友谢仲谐卒于嘉庆十四年。之子请，为仲谐撰家传。载《儆居杂著》卷四下。

夏　式三修订《论语后案》，更名《论语管窥》，今人仍称《论语后案》。并叙。黄式三《儆居杂著》卷一《论语管窥叙》：『《管窥》旧名《后案》，以前列何氏《集解》、朱子《集注》，故也。严铁桥、（严可均。引注。）冯柳东（冯登府。引注。）二先生言：旧解人所习见，不必录。今从之，略加增删，而易名《管窥》焉……壬戌夏月儆居老人年七十有四书。』冯登府，浙江嘉兴人。嘉庆二十五年进士。曾官宁波府教授。道光二十年卒。式三所谓『严铁桥、冯柳东二先生言』云云，或为道光十五年冯登府官宁波府教授时事。

五月 式三病。约为脑溢血。半身不遂。黄以周《先考明经公言行略》：『五月，明经公大病，厥而后苏，遂成偏左之枯症，右手能举动，然亦不能秉笔作书矣。』缪荃孙《黄以周墓志铭》：『父（指式三。引注。）卒前数月，大厥而苏，成偏枯疾，手不能作书。一日自叙《黄氏塾课》，字形蜿蜒难读。先生适自外返，见而大惊，请口授为书之。』

七月 二十五日，式三病重。约再次脑溢血。见下引。

八月 式三编就《黄氏塾课》。黄式三《儆居杂著》卷一《塾课叙》：『儆居黄子作《经外绪言》三卷……皆采正经外之书以成之，所采之书：《逸书》《书序》《逸诗》《诗序》《逸礼》《管子》《晏子》《国语》……书皆人所习见，无奇异之编。正经外之书，莫古《夏小正》，莫博于《山海经》《竹书纪年》，近日通儒如毕秋帆、（毕沅。引注。）徐位山、（徐文靖。引注。）郝兰皋（郝懿行。引注。）等犹编辑之。《绪言》中一不引及，以为凡教子弟嗜奇僻，不如从简确也。夫道莫重于正经，《绪言》所以佐正经也……壬戌同治元年七月廿五日，儆居子大病，气绝死，死数日乃苏。既苏之后，目闇口哑，声不出，半身不遂，虽生如死，长在梦寐中也。八月十九日，乃于《绪言》之下续编《经隅》一篇，所以明读正经之为急也。终以《择注》一篇，本以课其孙家绪、家辰，亦附录之，所以明学者或博或约，惟求实是焉耳。合之为《黄氏塾课》。复于二十二日力疾叙之曰：「浪语羞谈生初性本善，藏书全读死日事始终。」素志如此。塾课还自课也。壬戌自叙，年七十有四。』黄以周《先考明经公言行略》：『至八月间，重理《经外绪言》。』

十月

二十日，西历十二月十一日。**式三卒于镇海。**黄以周《先考明经公言行略》：『十月病革，顾谓诸子曰：「吾庶不虚为一生人矣乎。」因口占曰：「《十略》非偏，搜千载上残遗诸说；九愿何事，补半生前定省之疏。」遂命书《别语》以告兄弟宗族、友生亲戚，且命具沐浴，设衣冠，徙寝中堂。诸子辈以「精神未衰」为对。曰：「吾所未绝者，元气耳。何必俟气绝才行事乎？」既而痰涌喘急，舌缩不能言，犹挽手作起坐状，扶起端坐而逝。时在同治壬戌十月二十日也。距生于乾隆己卯八月初二日，年七十四。初，明经公自谓：「岁在壬戌，吾寿当终。」辛酉（去年。引注。）暮冬，与柴友论命，（《儆居杂著》卷四下有《记与柴友论命》。引注。）且谓之曰：「孔子生于鲁襄公己卯冬十月庚子，即今之八月二十一日，卒于哀公壬戌夏四月己丑，即今之二月十一日，寿七十四。今吾之德万万不及孔圣，而年或同之欤。」呜呼痛哉。何斯言之竟验邪？……元配袁孺人……生子长以愚，道光己酉（道光二十九年。引注。）副贡，著有《声训纬纂》。次以巽，不学举子业，著有《算学图示》。季以周，优贡生，同治庚午（同治九年。引注。）举人，由大挑教谕，特旨升用教授，钦赐内阁中书……女，长适附监生王慈德，次适胡宋伟，季适庠生方明惇。继配应孺人……无出。孙十人……所注《易》《书》《春秋》《论语》以及《周季编略》《儆居集》已刊行，馀藏家塾，尚未尽梓。』缪荃孙《黄以周墓志铭》：『父（指式三。引注。）卒，先生装绝笔一纸，不忍毁弃。且曰：「示我子孙，知吾父拳拳是书所以佑启后人者深且远也。」居丧尽礼，不徇时俗，刊遗书行世。』

本年

镇海刘芬为以周《经训比义》撰序。 载《定海黄氏所著书》第二十册《经训比义》前附。

刘芬字芷人，从式三学。其学似无所长。生卒年待考。以周有《刘君芷人别传》，载《儆季文抄》卷六，颇有趣：『镇海刘君芷人讳芬，性朴诚好学。初从姚丈梅伯习辞章，既从吾先君儆居子讲经学。思之不得其解，辄蹙额兀坐，似有深忧。然儆居子一抉其疑，哑哑失笑，以为本文原来如此，后人自误会之耳。一日，有鬼冯君身，（此处冯音凭。引注。）知人间暧昧事为贫故揶揄之，示以取富贵之法。君信其言，奔告其师儆居子。儆居子曰：「此心病也。劝君日读《周易》，无妄卦，倦则默念我《易释》语。事非理义而思之，为邪念。事之吉凶不可必，而预谋之，为妄念。」君归，从师言，鬼自去。尊所闻，行所知。笃信师传，咸推为「程门尹子」。（将黄、刘喻为程颐、尹焞。引注。）时吾郡讲学之士，鄞有若董觉轩沛、郭晚香传璞、刘艺兰凤章，镇海有若陈骏孙继聪、张蘧轩寿荣，皆以著述自命。而君周旋其间，独不喜著书。或以「性情学问不同」轻薄之，诋毁之，而君容与其间不之校，人卒不敢犯。生平讲学务求切近，不好幽眇儱侗之言。世俗有义举，乐与君谋，君亦乐为其事，穷年奔走无暇日……年七十犹矍铄步履如少年。』

以周子家岱、家辰本年始研读《尚书》，已能讲述经义。 黄以周《儆孙嬩艺轩诸书题辞》：家岱『入塾读书，未甚敏而能领书中大旨。祖明经公临终指而谓其父（以周。引注。）曰：「此子长顶天立地，尔勿扰。」予（以周。引注。）遂号之曰「祖望」，以励其志。年十一，读《尚书》，每一篇终，命与乃兄家辰述讲义，或疏经文之节目，或发旧解之疑蔀，不爽予意，予颇喜之。』

同治二年　癸亥　1863　黄以周先生三十六岁

春，以周葬父于镇海海晏乡铜盘墩。据以周《先考明经公言行略》。以周《礼书通故》之《凶礼说》部分作于本年。

同治三年　甲子　1864　黄以周先生三十七岁

浙江学政吴存义视学宁波，以《明堂考》考诸生，以周应考，获存义知。《清史列传·黄式三》：『督学吴存义试宁波，以《明堂考》命题，以周据隋《宇文恺传》，（指《隋书·宇文恺传》。引注。）谓《考工记》「夏后氏世室，堂修二七」，「二」为衍文。存义深赏之。』

同治四年　乙丑　1865　黄以周先生三十八岁

本年以周曾往杭州城东讲舍拜谒高均儒。高均儒字伯平，廪生，本年五十四岁。与许瀚、邵懿辰论学甚契。晚寓杭州校书教书，与丁丙友。同治六年以周《与高伯平先生书》（载《儆季文抄》卷三）云：『前岁（即本年。引注。）谒先生于讲舍，亲承诲言，深为佩服。』

同治五年　丙寅　1866　黄以周先生三十九岁

以周子家岱于家塾读《尚书》。《儆季杂著》前附黄家岱《序》：『家岱年十三，虞夏商书，句解章析，不能融贯义类，家大人授读一篇毕，辄举大旨以贯之，或设疑难以发之。讲后命述口义，以验听受之专忽。』

约于本年，胡洪安与以周学有争议。黄以周《儆季文抄》卷六《胡君荭庵家传》：『一日，（胡洪安）来告其友以周曰：「吾师（指黄式三。引注。）见背数年矣。当今之世有志讲学者，襄我二人，汝有合哉？」以周曰：「然。然子之学，禅学也，（胡洪安学宗陆九渊，故言。见本谱道光二十二年引。引注。）安有合于我？」君勃然不悦，遂相与纵言义理。以周辄举经义折之。君终不服，曰：「子之训诂优于我，我之道理自足于子。」以周曰：「经外之学，非敢知也。上海龙门书院掌院刘君庸斋，（刘熙载。引注。）近之深于宋学者也，子能往从之，学庶有成。」君遂欣然走沪上，问业二载。刘君亦屡以「归寂守空」戒，乃觉平日专内而略外、好简而畏繁、喜大而藐小，有偏重之病……于是恍然有悟，著《沪上问业》二卷、《履冰录》一卷，皆卓然可传……鄞刘艺兰（刘凤章。以周有《答刘艺兰书》，载《儆季文抄》卷三。引注。）笃好宋儒学，闻君之郡，辄邀之谈义理，每过夜半不知倦，尝问其存心之状……刘艺兰以为善谈名理。』《清史列传·黄式三》：『镇海胡洪安悦象山之言，与以周纵言义礼，以周曰：「经外之学，非所知也。」』

同治六年 丁卯 1867 黄以周先生四十岁

春 以周应聘浙江书局。《儆季杂著》前附《黄家岱序》：『春，（家岱）读《泰誓》诸篇。家大人（指以周。引注。）应书局之聘，命家岱昆弟从伯父质庭（指黄以恭。引注。）师，遂辍业。』

前此，以周曾致函高均儒自荐。高均儒本年五十六岁，寓杭州，后任浙江书局总校。黄以周

《儆季文抄》卷三《与高伯平先生书》：『读书必谈道。而今之为士者，辄以谈道为讳，此世风所以日替也。然古者笃行之儒，深自弢晦，甚不愿以空谈博名誉。即生平有心得语时，亦形诸楮墨间。而或见于身后，或见之于晚年，未敢轻出以示人……以周夙摅此惧，所著《经故》弆藏箧中。同学知己中见此书者不过五六人，不敢自衒也。前岁（同治四年。引注。）谒先生（高均儒。引注。）于讲舍，（杭州城东讲舍。引注。）亲承诲言，深为佩服。亟欲呈拙作就正……又不胜恐惧者久之。曩蒙青睐，曾许批导。以周虽不敏，愿学焉。如或谬为推许，非所敢望也。』

自本年起，至光绪十年往江阴主讲南菁书院，以周一直供职浙江书局，参与校勘典籍。以周参与校勘之书计有：一、《二十二子》之《晏子春秋》。见本谱光绪元年。二、《二十二子》之《黄帝内经素问》，见本谱光绪十六年。三、五局分刻二十四史之浙局版《晋书》。以周有《晋书校文叙》，载《儆季文抄》卷二。四、《续资治通鉴长编》。五、《续资治通鉴长编拾补》，见本谱光绪七年。

以周于杭州遍交浙省才俊。《清儒学案·儆居学案·儆季交游》一节列有谭献、孙诒让、俞樾、李慈铭、张文虎、朱一新、陶方琦、王继香、虞景璜诸名。其中谭、孙、俞、李、张、朱、陶皆为名儒，生平事迹及著述较易搜讨。谭献（1832—1901）初名廷献，字仲修，号复堂，杭州人。本年三十六岁，八月与以周同应乡试，中举。《复堂日记》本年：『阅定海黄薇香先生《儆居集》稿本，元同上舍之先德也，海滨力学，穷经葄史，可谓俊人。马中丞、吴学使奏开浙江书局，薛慰农、（薛时雨。引注。）孙琴西（孙衣言，孙诒让父。引注。）两先生主之，高伯平丈、（高均儒。引注。）李莼客、（李慈铭。引注。）张韵梅与予为总校。胡肖梅凤锦、汪洛雅鸣皋、陆春江元鼎、张子虞、张玉珊、沈蒙叔、王松溪、陈兰洲为分校。』所列浙江书局分校无以周名，推测以周进浙江书局稍晚于谭献所记。孙诒让（1848—1908）字仲容，号籀庼，瑞安人。本年二十岁，与以周同应乡试，中举。后同治十年孙诒让至京师，与以周同赴礼部试，常聚首。孙诒让父孙衣言本年五十三岁，奉命领浙江书局，亦应与以周有交往。俞樾（1821—1907）字荫甫，晚号曲园，湖州德清人，本年四十七岁。《清史稿·俞樾传》称其在杭州诂经精舍任教时，『课士一依阮元成法，游其门者，若戴望、黄以周、朱一新、施补华、王诒寿、冯一梅、吴庆坻、吴承志、袁昶等，咸有声于时。』其与以周交往见本谱咸丰十一年、同治七年。李慈铭（1830—1894）号莼客，晚室名越缦堂，绍兴人。本年三十八岁，后与以周同事浙江书局校勘。《越缦堂读书记》评式三《儆居集》：『其《读通考》二卷，议论通达，文亦浑朴。《读子集》三卷，摘抉指要，多为精确，文尤谨严可味。《读史》一卷，文仅九首，多平情之言。《杂著》四卷，其论经者多可取。他文议论，不尽惬心。叙事之文，尤非所长也。』张文虎（1808—1885）字啸山，上海周浦人，本年六十岁，其与以周交往见本谱光绪十年。朱一新（1846—1894）字蓉生，鼎甫，浙江义乌人，本年二十二岁。后于同治九年与以周同年中举。陶方琦（1845—1884）字子珍、子缜，号湘湄，绍兴人。李慈铭弟子。本年二十三岁。其与以周交往待考。王继香（1846—1905）字子献、止轩，号蓼斋、醉庵，绍兴人。本年二十二岁。《清儒学案·越缦学案》附王继香小传：『世以孝友、文学为乡里所重。光绪己丑（光绪十五年。引注。）进士，官翰林院编修，改河南知府，不数年卒……』柯愈春《清人诗文集总目提要·止轩集》条著录王继香传世诗文集版本甚详。虞景璜（1862—1893）字澹初，号澹园，镇海人。《清儒学案·儆居学案》附虞景璜传：『景璜……

光绪壬午（光绪八年。引注。）举人。性清峻，不为苟同。论学以经为归，经学以礼为本……儆季为礼经大师，年差长，先生事之师友之间。后生有效其行者，人辄目之曰「黄虞礼法」。卒年三十二。著有《三古异同录》《传经兴废考》《石经兴废考》《澹园杂著》《诗文集》。（参马其昶撰《传》。原注。）』虞景璜生平事迹另见王荣商撰《传》，载《容膝轩文集》；虞辉祖撰《墓志铭》，载《寒庄文编》；虞铭新撰《墓表》，载《和钦文初编》。虞景璜所著《澹园文集》二卷、《澹园诗集》二卷有民国三年刻本见存。《澹园杂著》八种八卷附录一卷，有民国十三年铅印本两册见存。

四月　二十六日，浙江书局于杭州篁庵正式开局。丁申《武林藏书录·浙江书局》：『杭州庚、辛劫后，（指咸丰十至十一年太平军之役。引注。）经籍荡然。同治六年，抚浙使者马端敏公（马新贻。引注。）加意文学，聘薛慰农观察时雨、孙琴西太仆衣言，首刊经、史，兼及子、集，奏开书局于篁庵，并处校士于听园，派提调以监之，选士子有文行者总而校之，集剞劂氏百十人以写刊之。议有章程十二条。自丁卯开局，至光绪乙酉，（光绪十一年。引注。）先后刊刻二百馀种。』《文献学辞典·浙江书局》条：『浙江书局又名杭州书局，同治六年浙江巡抚马新贻奏设于杭州小营报恩寺。光绪间扩大规模，迁至正中巷三忠祠，而以原址为官书坊。担任校勘者有谭献、黄以周、李慈铭、张鸣珂等。』孙延钊《孙衣言孙诒让父子年谱》本年：『四月，马中丞、吴学使（吴存义。引注。）奏设浙江书局于杭州之篁庵，聘衣言和薛慰农为总办，以主持其事，议订章程十二条，于四月二十六日开办，集剞劂民百二十人，以写刊经史兼及子集。于是谭仲修及秀水高伯平均儒、山阴李莼客慈铭、钱塘张韵梅景祁为总校，仁和胡肖梅凤锦、陆春江元鼎、陈兰洲、汪洛雅鸣皋、钱塘张子虞预、王松溪麟书、嘉兴张公束鸣柯、秀水沈蒙叔景修为分校。而张公束为作《校经图》以纪一时之盛。』

以周于书局结识绩溪胡培系。胡培系字子继，贡生，胡培翚从弟。。生卒年不详。《清儒学案》卷九十四《朴斋学案》有传，略云，培系曾官宁国府教谕，生平沉浸三礼，著有《十年读书室文存》等。生平事迹另见胡岘撰《传》，培系自撰《竹村先生事状》，胡培翚《绳轩公行状》等。《儆季文抄》卷三有以周光绪三年《复胡子继书》：『子继仁兄阁下，暌违教益，十易寒暄。以我时思君，知君亦时思我也。』十易寒暄，逆推之，则黄、胡订交在本年。馀见光绪三年。

五月 二十一日，浙江巡抚马新贻会同闽浙总督英桂、浙江学政吴存义等具名上报朝廷，请批准黄式三入祀定海乡贤祠。此前，浙江布政使杨昌濬将定海诸学者、绅士所上黄式三入祀乡贤祠申请书报送马新贻，署理定海厅事史致驯、兼护理宁绍台道边葆諴已先后在申请书上签署意见。文见本年十二月十六日引。

八月 以周应乡试不售，主考张之洞以未取以周为憾。以周有致谭献书。黄以周《儆季文抄》卷三《与谭仲修书》：『秋试榜揭，多士忭舞。两浙骨董，搜罗殆尽。以周蒲柳弱质，长弃海滨，亦故其所。而南皮张公（张之洞。引注。）犹垂念及以周，是何多情也。吾兄（谭献。引注。）深湛小学，时抒特见……』后讨论《说文》事，略。

九月 二十五日，上谕礼部复核马新贻所请黄式三入祀乡贤祠事。礼部复核后再报皇太后、皇上：『谨拟准其入祀乡贤祠。』请旨。文见本年十二月十六日引。

十二月 十六日，礼部请准予黄式三入祀乡贤祠奏件获得批复，奉旨：『依议。』

以下全文抄录《明经公从祀乡贤录》，此文原载同治十二年浙江书局刊本黄式三《周季编略》前附：『具呈本厅（指定海厅。引注。）绅士、内阁额外中书章育瑜署。江苏松江府华亭县知县厉学潮，前任嘉兴县学训导沈有澜，议叙训导曾廷炽，举人袁行泰、胡康龄，副贡生陈福熙，岁贡生周振铨、陈子章、夏浚川、陈绚、胡夤，廪膳生林保咸、杨子和，附生苏元、张东序、王元恒。鄞县绅士、前任陕西宁陕同知陈仪，江苏委用知县陈励，举人徐时栋，拔贡生郭传璞。慈溪县绅士、举人陈维城，拔贡生陈钦。镇海县绅士、吏部主事盛植型，举人吴善述、陈聿昌，拔贡生曹杰，廪膳生陈继聪、张成渠，附生刘芬、沈开祥，监生胡洪安。象山县绅士、拔贡生王莳蕙，附贡生王莳兰，监生欧景岱等呈，为经明行修、合崇祀典，公恳恩赐，转详入祀乡贤以彰潜德修而资风教事。窃维昌明正学，史家以重儒林；坊表人伦，乡望以尊通德。诚以学校之振作，视乎经师人士之楷模资，诸耆旧、乡先生没而祭于社。古君子「仰不愧于天」，存乎其人间之自昔。兹有厅属富都乡紫微庄已故岁贡生黄式三，行为圭臬，学有渊原。怀文中私谥之诚，久相悦服。援通德显褒之例，用敢胪陈：故贡生幼而明慧，长更沉潜，觉世情深，叙伦性笃。石建之巾裙躬洗，（典出《史记·万石君列传》，汉代郎中令石建，以孝闻，每周回家为父亲洗内衣。引注。）黄香之枕席亲温。（二十四孝故事之一，后汉黄香年幼失母，为照顾父亲，夏天用扇子为父亲的枕席扇凉，冬天用自己的身体给父亲暖被窝。引注。）慈竹惊雕，痛绝秋风之试。（慈竹，指母亲。此指黄式三因为参加乡试未及为母亲入殓，发誓不再参加科举考试。引注。）灵椿已老，（灵椿指父亲。引注。）爱延春日之晖。深孺慕于终身，笃友恭于同气。埙篪协律，长敦式好之情。风雨对床，共享读书之乐。内行既修，同宗咸化。任末壁园，（任末，东汉时刻苦求学之典型。成语有任末燃蒿。

引注。）书争传写。王家子弟，衣易鲜华。陈仲举家有儒风，（东汉名士陈蕃，字仲举。引注。）王彦方里无薄俗。（王彦方，汉代著名教育家。引注。）学宗高密，（郑玄。引注。）绍千载之师承。教述新安，（朱熹。引注。）树一时之物望。纯笃如果斋，（南宋理学家李方子，字公晦，学者称果斋先生。引注。）秀清如宗敏。叔孙（叔孙通，西汉初儒家学者。精于释古礼法。引注。）弟子，咸习礼容。（礼容，一般释为礼制仪容。引注。）安定（北宋学者胡瑗，字翼之。世居陕西路安定堡，世称安定先生。理学先驱。引注。）门人，各谙经事。懔盗泉之饮，屏苞苴而綦。严守逾垣之贞，协兵戎而勿惧。胡敬斋一方完璧，（胡居仁，字叔心，号敬斋，明理学家。引注。）薛文清百炼精金。（薛瑄，字德温，号敬轩，谥文清。明理学家。引注。）洵士类之仪型，实邦人所矜式。盖其品行素饬，学养兼优，理取至精，事求实是。谭道衷诸经训，穿凿为非；读书反以身心，空虚勿尚。常考证夫众说，不偏执夫一家。经世文章，裨益纲常名教；等身著作，折衷《易》《礼》《诗》《书》。誉播艺林，望尊庠序。老师大儒，咸推其品。荒陬僻壤，并仰其名。瑜等属在同乡，交推夙学。读河汾之著作，宝此遗书；溯濂洛之渊原，增为学案。合辞吁恳，实由公道之在人。明德馨香，窃幸后生之足法。伏乞详，请从祀乡贤。事实：一、故贡生黄式三，字薇香，浙江定海厅人。始祖晟，唐太傅开国子，宋追封江夏侯谥忠济，崇祀乡贤祠。祖必悌。父兴梧，附学生。故贡生青年入学，屡列高等，乡试屡荐不售，以岁贡生终。生于乾隆己酉八月初二日，卒于同治壬戌十月二十日，年七十有四。一、故贡生事亲以孝闻，父性端严，能先意承志，常得欢心。嗣因乡试赴省，母裘氏暴疾卒于家。比归，呼天抢地，几于恸绝。时父年八十矣。自此长伴父寝。服除，不适私室，且有不复乡试之誓。父老且病，卧床箦数年，衣食〓洗皆躬亲。父卒。

水浆不入口。既殓敛，寝苫啜粥。哭泣之哀，震动邻里。前后居父母丧六年，不饮酒，不食肉，羸脊骨立。每值祭日，哀泣不能自已。其卒前之数月，自作挽词有「九原何事补生前定省之疏」之句，其孺慕有如此者。一、故贡生与昆弟最善友，白首一堂，终不分析，课季弟式颖读，循循以诱，弟严敬之，补增广生。其兄之子以伟附生，弟之子以恭拔贡生，亦其所抚教而成名也。晚年避兵于镇海，时以未见兄弟而戚戚，比卒，首诀兄弟，语甚切挚，其友恭有如此者。一、故贡生尝修宗谱以合族，不取资斧，以勤俭率族人。族无长幼，皆敬惮之，不敢奢逸。故族中二百户，皆食力无冻馁者。间遇顽梗之人，辄自咨化，道之不善，人多感泣改行。临终诀别宗族，有云谨授勤俭遗规，使荒乱无饥寒之苦，其敦睦有如此者。一、故贡生终老于家，未及仕。一应学使者之聘，所取多名士。一应军幕之聘，当路以外寇问，作《备外寇议》，问者色沮。则正告之曰「不依此议，数年后必有大寇。」事果验。其卓识有如此者。一、故贡生初受业于举人杨思绳，复问经于举人杨际和，二师皆笃爱之，期成远大器，故贡生亦感激恩师，终身不忘。其教门徒，先行谊而后文辞，先识字而后读书，实事求是，不分汉宋门户，故一时人士多所成就。历任学使者临试宁波，所取经学之士，大半出其门下。临终诀别门徒，有云「处士何职？以治经为天职。勿从习俗，但作时文。」其授受渊原有如此者。一、故贡生自幼入塾读书，善识字。每作经义，昭然分黑白，时据其特见以屈人。家本寒素，聚书数万卷，终日披阅，怡然自适。尝谓：「一超顿悟，非学之道。务学必以积累，积累必由专勤。」于性理、经济、文章、训诂之学，靡不博综条贯，至老不少倦。为人宽而能容，毅而有执，每立一说、建一事，博取众善以为善，至义所当守，慨然任之不少回。燕居时，无惰容，无失色，克己内讼，默念性情过不及之分数。尝取《中庸》「慎独」、《左传》「受中」数语以自警，而时值危疑。又以天自信，神色从容不少动，其学问本末有如此者。一、故贡生遗书：《论语后案》二十卷用活字版印行，《易释》四卷、《尚书启蒙》四卷、《春秋释》二卷、《周季编略》九卷、《儆居集》十四卷、《音均部略》四卷、《炳烛录》二卷、《经外绪言》三卷、《郑君粹言》一卷、《朱吕问答》一卷。《诗序说通》《诗传笺考》两书未成，皆藏于家。学使者陈公用光以孙星衍、段玉裁相许。吴公锺骏见《论语后案》，以为汉宋持平之书。湖州严可均、台州洪颐煊称《书说》之精确、《春秋说》之平允。嘉兴冯登府、沂州许瀚，皆称《兵赋》《军制》诸考，辩古今所未辩。温州方成珪序其集曰：「先生转益多师，不名一师，可谓择之精。其论诂一事，辨析文字，必参考古今，肫然不能自已者，可谓语之详。」嘉兴顾广誉表其墓曰：「先生贯串经史，能返诸伦常，忠孝焯著，是以远近慕其德而信其言，钦其行谊而益尊其学。足不出户庭，屹然负东南重望。」其师友推许有如此者。一、故贡生长子以愚，道光己酉副贡生，著作有《声训纬纂》。次子以巽，议叙从九品，著有《算学图示》。季子以周，廪膳生，著有《十翼后录》《经义通诂》《礼书通诂》《儆季杂著》《读书小记》。孙七人业儒，其家学有如此者。浙江布政使杨昌濬申为详请具题事。窃准兼护宁绍台道边葆諴文称，据署定海厅史致驯详据儒学，详据内阁额外中书章育瑜等呈称，窃有富都乡紫微庄已故岁贡生黄式三，行为圭臬，学有渊源，经世文章，裨益纲常名教，等身著作，折衷《易》《礼》《诗》《书》，誉播艺林，望尊庠序。老师大儒，咸推其学。荒陬僻壤，并仰其名。瑜等属在同乡，交推夙学，读河汾之著作，宝此遗书，溯濂洛之渊原，增为学案，合辞吁恳，从祀乡贤等情。据此，该学查看得：已故黄式三，少锺至性，孝友既敦。于家庭长励纯修勤俭，复化其族党。郑康成高洁全贞，王彦方德教型俗。说经解字，身登贾、许之堂。慎独存诚，学溯程朱之派。识宏而功密，心正而守严。品望已隆于郡邑，秩祀宜列于乡祠。造具册结，详请看转等情。据此，该署定海厅同知史致驯看得：已故岁贡生黄式三，立品端方，持躬廉洁。孝亲友弟，敦伦纪以无忝；睦族和邻，戒怠荒以化俗。名山富著述，解经立说，直窥洙、泗之源流；尔室懔操修，主敬存诚，一以朱、程为圭臬。守严出处，却厂聘而贞节可风；志切甄陶，启后学而芳型共仰。洵为一乡之贤士，宜邀入祀于褒荣。加具印结，详送加结看转等情。据此，兼署宁绍台道边葆諴看得：已故岁贡生黄式三圭璋植品，坊表垂型，芹藻流芬，早蜚声于在泮，蓼莪废读，甘守志于潜渊。清白传家，人言无间。依黄为侣，天爵自高。著作富于等身，耄犹好学。继述衍于后嗣，代有通儒。洵为海表奇英，允洽士林誉望。幽光必发，克敦行艺之书；众论咸孚，宜食馨香之报。加具结看，转详咨等由过司准此。本司查例载各省呈请入祀乡贤，该督抚、学政当于所列事迹，确切查核。实系品行端方、学问纯粹者，方准题请等语，兹看得：定海厅已故岁贡生黄式三，志励文章，性敦孝友。硕彦咸推于昌国，遗芬望重于名山，不愧鸿儒。夙著薇香之集，仰邀凤诏，克隆俎豆之馨，舆论既孚，乡贤宜祀，既准。据道、厅查取事实清册，递加结看，请转前来，理合具文转详并将事实册结呈送，仰祈宪台察核具会题，除详学督抚宪外，为此备由呈乞照详施行须至详者。同治六年五月二十一日。浙江巡抚马新贻谨题，为公举入祀乡贤祠循例恭疏具题仰祈圣鉴事。该臣看得：定海厅已故岁贡生黄式三，孝友传家，诗书砥行。周规折矩，坊表可风。主敬存诚，操修罔懈。毕世以治经自任，志励董帷。同堂得善诱之方，教宏马帐。文章学问，堪为闾里之师承。俎豆馨香，宜沐朝廷之宠锡，以之入祀乡贤，与例相符。兹据布政使杨昌濬取具事实册结，详送请题前来，臣复核无异，除册结分送礼部科查核外，谨会同兼署闽浙总督福州将军臣英桂、浙江学政臣吴存义合词恭疏具题，伏乞皇太后、皇上圣鉴，勅部议复施行。谨题，请旨。同治六年九月二十五日具题，礼部谨奏为议复入祀乡贤事。浙江巡抚马新贻等题，定海厅已故岁贡生黄式三，孝友传家，诗书砥行，请入祀乡贤祠。奉旨「该部议奏，钦此。」钦遵到部。臣查：黄式三，浙江定海厅人，事亲孝。父病数年，衣食馔洗皆躬亲，尝述父志，出赀修宗谱，每以勤俭率族，长幼皆惮敬之，不敢奢逸。教人先实行而后文艺，先识字而后读书，实事求是。先儒性理、经济、训诂之学，靡不博综条贯。为人宽而能容，至义所当守，矫然任之。燕居无惰容，无失色。尝取《中庸》「慎独」、《左传》「受中」数语以自警。著有《论语后案》二十卷。臣等公同查核，该折请将黄式三入祀乡贤祠之处，均□名实相副，谨拟准其入祀乡贤祠。恭候命下，臣部行文该抚遵奉施行。为此谨奏。请旨。同治六年十二月十六日具奏。本日奉旨：「依议。钦此。」』据此可知式三从祀乡贤祠在本年四月。而黄以周《先考明经公言行略》云式三『同治五年奉旨从祀府、厅乡贤祠。』疑误。又，中国科学院国家科学图书馆藏抄本《周季编略》前亦抄有此《明经公从祀乡贤录》，行间多批改圈划笔迹及版式术语，当为雕版所据底本。经与浙局刻本《周季编略》核对，抄本《周季编略》最后一段，即『浙江布政使杨昌濬移文为移会事』以下，为刻本《周季编略》前附《明经公从祀乡贤录》所未刻。见本谱明年四月二十五日引。

本年　黄式三从祀诂经精舍先觉祠。据以周《先考明经公言行略》。

约自本年始，以周移寓杭州。黄以周《儆季文抄》卷二《爱经居杂著叙》：『丁卯，吾应乡试不售，旋得书局差，自此离定海地益远，（与以恭）音问日益疏。』以周供职杭州，去镇海三百馀里，当寄寓杭州。其初至杭州，或即寓书局宿舍。据镇海黄梦燕老人回忆，以周在杭州曾住孩儿巷。孩儿巷地名今存，为杭州著名古巷。虞铭新《黄元同先生别传》称以周长南菁书院后，因与原配不合，『不常归。卜居于杭，间岁或一至。余幼时犹及见先生，布履青行缠入市籴粟也。』缪荃孙《黄以周墓志铭》称，光绪二十四年以周『去江阴，归隐于仁和半山之下。』《复堂日记·续录》光绪二十五年十月二十六日：『黄元同十七日逝于半山墓庐。』半山地名今亦存，与孩儿巷不在一地，或为以周晚年所居。

本年，黄式颖续修族谱，未及审定而中辍。黄以周《儆季集外文》第十九篇《定海五修族谱叙》：『同治丁卯，吾叔父稽生公（黄式颖。引注。）又议修谱，悉遵丙辰（咸丰六年。引注。）新定体例，无所出入，又命吾兄弟辈采录庚子（道光二十年。引注。）以后生卒配葬续之，所作传赞甫脱稿，未及审定，吾叔父遽归道山，故斯谱终未尽善。』

同治七年　戊辰　1868　黄以周先生四十一岁

以周职浙江书局。

三月　十五日，礼部仪制司准黄式三入祀乡贤祠批文 后简称『批文』。到达浙省抚院。
文见本年四月二十五日引。

二十四日，『批文』到达浙省布政使司。文见本年四月二十五日引。

四月　二十五日，浙江布政使杨昌濬转达『批文』至宁绍台道。以下为中国科学院国家科学图书馆藏抄本《周季编略》前附『批文』抄件：『浙江布政使杨昌濬移文，为移会事。同治七年三月二十四日，奉升任抚宪马案行同治七年三月十五日准礼部咨开仪制司呈本部议复《各省题请入祀乡贤祠》一折，于同治六年十二月十八日具奏，本日奉旨『依议。钦此。相应原奏知照浙江巡抚可也。』等因到院，行司查照准咨。奉旨，事理即便分别转饬知照计粘单等，因奉此，合就移会。为此，合移贵道，请烦查照。希即转饬，遵照施行。同治七年四月二十五日。』

本年 俞樾掌杭州诂经精舍，兼领浙江书局。郑振模《清俞曲园先生樾年谱》本年：『正月，先生由苏州至杭州，出掌诂经精舍，兼绾浙江书局。（书局设杭州篁庵，校勘处设戴氏之厅园。原注。）』

以周《答俞荫甫先生书》《上俞荫甫先生书》约作于本年。黄以周《答俞荫甫先生书》（《儆季文抄》卷三）：『荫甫先生大人阁下。前月谨呈拙作《礼故》两册，恳求指示纰缪。赐书奖掖过实，非所敢当。批驳若干条，切中是书之失，于「启蛰之郊」论之尤详。以周何敢自护前非，嚣嚣致辨如顾千里（顾广圻。引注。）之于段懋堂（段玉裁。引注。）也。然私心有不能自已者。吾郡万充宗（万斯大。引注。）信候名不信气名，创言古术无二十四气，我黎洲先生（黄宗羲。引注。）又和其说。以周服膺乡先贤书有年矣，于「启蛰之郊」驳张横渠（张载。引注。）「再卜不从，有用下旬」之说……此以周一人之私见，而不敢录诸《礼故》者，敢以质诸先生。幸先生不弃梼昧，复赐教言。』唐文治《黄元同先生学案》：『德清俞荫甫先生主讲杭州诂经精舍，先生上书自言其志，频献所著以就正。俞先生优礼答之，不敢以师自居也。』黄以周《上俞荫甫先生书》：『周梼昧不才，妄自撰述，惧见怪于当世，辄藏弃之不示人。今年四十矣，恐以痼蔽，终身无发蒙日，幸遇有道，敢不就正？所呈《礼经通诂》（《礼书通故》初名《礼经通诂》。引注。）两册，觊求指示纰缪，俾得改正。果蒙惠教，周将执弟子礼，奉全书以拜门下。」转引自唐文治《黄元同先生学案》。唐称此书曾刊入俞樾《袖中书》，未检。以周本年四十一岁。据前引唐著《黄元同先生学案》，以周上俞书在俞樾主讲诂经精舍后，后引俞樾《礼书通故序》亦称：「未几余来主讲诂经精舍，始得交于君。」故推测此信写于本年。以周自称「今年四十」或为概数。

俞樾《礼书通故序》（光绪十九年黄氏试馆刊《礼书通故》前附）：「定海黄君元同为薇香先生之哲嗣。往岁吴和甫同年视学吾浙，（吴和甫即吴存义，同治二年至五年任浙江学政。引注。）录先生《明堂步筵说》见示，谓与余《说明堂》大旨相合，余深惜不及一见。未几余来主讲诂经精舍，始得交于君。后又与同在书局，知君固好学深思之士也。曾以所撰《礼书通故》数册示余，余不自揣，小有献替。」

同治八年　己巳　1869　黄以周先生四十二岁

以周职浙江书局。

同治九年　庚午　1870　黄以周先生四十三岁

以周职浙江书局。

以周本年获选优贡生。选拔者为徐树铭。徐树铭同治六年督学浙江，本年以荐举人才中列有已罢编修俞樾名而遭严旨，吏议免职。光绪二十三年以周有《答徐寿蘅先生书》，称徐「老师」，自称「以周生」。黄以周《儆季文抄》卷二《爱经居杂著叙》：「（以周）得优贡，时兄（黄以恭。引注。）不习举子业，专志治经，成《尚书注疏》二十八卷，《毛诗管见》十二卷。而我专治《礼经》《记》，（《礼经》

《礼记》。引注。）虽略有端绪，而著作又不及兄之博且富。」

八月 以周应浙江乡试，中举人。据《光绪定海厅志》卷七《选举表》第十六页。缪荃孙《黄以周墓志铭》：『同治庚午优贡，旋举于乡。』据《清秘述闻》，本年浙江乡试考官为副都御使直隶南皮人刘有铭，侍讲广东顺德人李文田。题『不以其道　成名』，『诗云予怀　有伦』，『孔子曰大　为君』。赋得『门对浙江潮』得『潮』字。虞铭新《黄元同先生别传》：『先生幼承父祖学。稍长，亦随俗为举业。举于乡。其中式文有「天」字四十，故乡人皆称先生为「天举子」。然先生自是益治经。』

乌程施补华、义乌朱一新、绍兴李慈铭、余姚黄炳垕同时中举。施补华本年三十五岁。其与以周订交或始于本年，明年两人同赴会试，施补华亦未考取。同治十三年施补华应以周请，为撰《定海黄先生别传》。《儆居集》前附黄式三像后有施补华作四言赞辞一首，或为其手迹，当亦作于同治十三年。黄炳垕为黄宗羲七世孙，后光绪五年与以周同事辨志讲舍主讲。

《礼说略》诸篇大体撰毕。

同治十年　辛未　1871　黄以周先生四十四岁

春 以周北上京师，应礼部试。在京常与江浙举子聚会。下第，获选国史馆誊录。期满当得知县，不就。章炳麟《黄先生传》：『同治九年，中式浙江乡试。明年会试，选誊录。期满当得知县，不就。』唐文治《黄元同先生学案》：『庚午……举于乡。明年应春官试，补国史馆誊录。』

五月一日，张之洞、潘祖荫招时在京师之名士集于龙树寺，龙树寺在北京宣武区南部，陶然亭西北，今已不存。以周因事未与。孙孟晋《孙逊学公年谱》本年：『五月朔，张之洞、潘祖荫招集都下名士于龙树寺，为蒹葭簃雅集，与者无锡秦谊亭文炳、绩溪胡荄甫澍、会稽李莼客慈铭、赵撝叔之谦、湘潭王壬秋闿运、福山王廉生懿荣、南海谭叔裕宗浚、桂皓庭文灿、钱塘张子虞预、朝邑阎进甫迺兟、元和陈培之倬、洪洞董研樵文焕、吴许鹤樵赓飏、长山袁鹤舟启豸、遂溪陈逸山乔生、王子裳及诒让，凡十九人。未至者，定海黄元同以周、秀水赵桐孙铭、宜都杨惺吾守敬及子庄、许海楼、吴仲饴六人。谊亭户部作图，皓亭孝廉为之记。』转引自孙延钊《孙衣言孙诒让父子年谱》。

本年　以周南还，授次子家岱读。黄家岱《礼记笺正叙》：家岱『年二十将冠，（以周）授读《冠礼》。』此叙载光绪二十一年南菁书院刊本《嬹艺轩杂著》。

同治十一年　壬申　1872　黄以周先生四十五岁

黄家岱将婚，以周授读《婚礼》。黄家岱《嬹艺轩杂著·礼记笺正叙》：『（家岱）将婚，（以周）授读《婚礼》。时（家岱）萦心于制艺，学不能遂……』

黄以恭为以周《经训比义》跋。黄以恭《经训比义跋》：『以恭幼与元同侍伯父儆居子听经，得闻文字、声音、训诂、考据、理义之学。庚子（道光二十年。引注。）兵乱，伯父避居镇邑，以恭之执经问质遂不及元同之详。元同自幼好深湛之思，口讷于辞，心锐于学。闭户读书如贾景伯，（东汉贾逵。引注。）无人事于外，足不踏省闱已十有五年。所著《经训比义》，自汉至宋及近儒之说理义者，必详考有据而后已。以恭读其书，喜其原原本本，不同臆说。馆课时尝举以撤门第子之蒙。今元同又著《礼书通故》，于古礼之至纤至悉，剖之极详，一若考据之中有理义存焉……孟子言「经正则庶民兴，庶民兴斯无邪慝。」方今盗贼横行，邪说充塞，得非经中之义礼有未明乎？不示之以经义，民乌知圣道。不晓知以经礼，民乌知天秩。元同作《比义》，复作《通故》，谈义礼于举世不谈之日，实药石之言也……同治壬申春兄质庭黄以恭撰。」此文载于《定海黄氏所著书》第二十册《经训比义》前附。

同治十二年 癸酉 1873 黄以周先生四十六岁

以周仍职浙江书局，黄以恭来杭州就学，兄弟得聚首。黄以周《儆季文抄》卷二《爱经居杂著叙》：「癸酉，（以周）力劝兄（以恭。引注。）赴杭州肄业各书院，从之。于是吾兄弟得聚首者几一年。榜发报罢，归。吾兄弟又不克见矣。」

以周约本年纳妾陈氏。陈氏本年十九岁。陈庆年《横山乡人类稿》卷九《黄氏庶母陈孺人传》：「以周……侧室陈孺人，盖贤者也。孺人幼失怙，鞠于农家，年十九归中书，即举一男，名家骥。中书主讲江阴南菁书院，以孺人自随。孺人性淑顺，而绳子以学，严有常程。每天明起执爨，促家骥读。命之曰：「书熟，然后食粥，不然不与。」日中，中书为家骥讲《戴记》，孺人必坐其侧听之，谓中书曰：「妾今而后知为人之道矣。」久之，《戴记》之文多能上口。家骥或有过误，尝诵《记》文以责之……孺人初不识字，其教子也，独能诵经语以鞭辟之，可不谓贤乎？孺人解九九算，挈钜厘细无少差……光绪二十年六月，遽终于南菁书院，年三十有一。生子三，家骥外，家穀、家瑱俱幼，女一，亦未字。」其中所谓陈氏光绪二十年以三十一岁卒，疑为四十一岁之误。黄以周《儆季文抄》卷三《黄石公记》记光绪十七年陈氏云：君『迟妾二十年得杖。』意为陈自谓二十年前得『丈』。光绪十七年逆推二十年，即本年。另，黄以周与陈氏所生黄家驥光绪十九年已参与《礼书通故》校对，并撰《礼书通故校文》，附刻于光绪十九年刊竣之《礼书通故》书后。若按前引陈庆年文所言，陈氏光绪三十一年以三十一岁卒，『年十九归中书，即举一男，名家驥。』至光绪十九年，家驥仅十二岁，断不能参与校对，并撰《校文》。如将陈氏亡故时改为四十一岁，则一切合理。是故，陈氏本年十九岁，来归以周。则其生于咸丰五年。

约本年，以周四子黄家驥生。家驥字杭生。陈氏出。以周与陈氏情笃谊深。光绪二十年陈氏病逝后，以周致陈庆年信：『杭生之母出自小家，自其子读《礼记》后，遂知为之之道。平时奉事我，有举案齐眉之风。目仅识数字，而杭生有不好，辄能举经中语以为戒。今而后无内助之人矣……』**此后以周与元配梅氏渐生罅隙。**虞铭新《黄元同先生别传》：『先生讲学江淮，夫人梅氏未偕，因纳妾随。夫人闻之怼甚。一日，先生自金陵归，甫及家，夫人自内望见之，出以手搗门，猝持闩击先生，哭且詈曰：「汝自有家，是宁汝家者，不问入，为何？」（此处宁做探视解。句意为，汝自有家，如果探视你家的人不请示就进门，可以么？引注。）先生素谨厚，嘿而已，勿责也。然先生自是不常归。卜居于杭，间岁或一至。余幼时犹及见先生，布履青行缠入市籴粟也。』

本年乌程费以群绘式三像。载于《儆居集》前附，落款署『癸酉八月乌程后学费以群摹』。费以群，字谷士，名画家费丹旭次子。张鸣珂《寒松阁谈艺琐录》：『费余伯以耕，乌程人，晓楼（丹旭字。引注。）丈长子也……弟谷士以群，诸生，亦工仕女。尝游吴门，始相识。后在武林（杭州。引注。）

又遇之，今已下世矣。』推测此式三像即以群在杭州时所作。

同治十三年 甲戌 1874 黄以周先生四十七岁

十月 二十四日，式三继配应氏以七十三岁卒。黄以周《先考明经公言行略》：『继配应孺人，生于嘉庆壬戌（嘉庆七年。引注。）六月十九日，卒于同治甲戌十月二十四日。无出。』

以周友施补华本年作《定海黄先生别传》。施补华《黄式三先生别传》：『先生既殁十二年，其子以周之友乌程施补华，读其遗书与其生平行谊得之于以周者，从而论之曰：「《十略》之作，经术明，人事备，斟酌诸儒，并包六艺。岂非乾嘉以来通才大雅之俦欤？若夫修于其身，教于其乡，而谋于军国，一以诚孝为之本，推之以应经法，今所谓学人，无能似之者。」作《黄先生别传》，以补谭氏（指谭廷献《黄先生传》。引注。）之缺。』《儆居集》前附式三像背面有施补华题四言颂辞一首，约作于本年。

光绪元年 乙亥 1875 黄以周先生四十八岁

以周仍职浙江书局。以周主持校勘之《晏子春秋》本年刊竣。是书为俞樾主编浙江书局版《二十二子》之一种，被收入多种丛书。后以周主讲南菁书院期间，弟子钮永昭曾重校，以周因著《晏子春秋重校本叙》（载《儆季文抄》卷二第十页）云：『（前）在书局校刊是书，限以时月，匆匆付梓，疏陋之讥，自知不免。嗣后主讲南菁，钮惕生永昭更为详校，今采其精核者以补前校之未备。』谭献《复堂日记》卷四光绪六年：『校《晏子春秋》……吾友定海黄以周元同撰《校勘》二卷，视《音义》犹审密。』《音义》指孙星衍《晏子春秋音义》。

黄以恭本年成恩科举人。据《光绪定海厅志》卷七《选举表》。黄以周《儆季文抄》卷六《先兄质庭志传》：以恭『长好博览，力益敏，雪抄露纂，所书字如蝇头，稿积尺馀，自以为不足传，旋弃之。既专志于《尚书》……作《尚书启蒙疏》二十八卷。既又专志于《毛诗》，别传、笺之异同，而务求合于本经……作《读诗管见》十二卷……光绪乙亥科，以拔贡生领乡荐。就礼部试，不售。归理旧业，益恣志于诗、古文。』

光绪二年　丙子　1876　黄以周先生四十九岁

春

以周子黄家岱（本年二十五岁）作《礼记笺正序》。黄家岱《礼记笺正叙》：『吾家自先大父（式三。引注。）好治经，《易》《书》《诗》《论语》皆有撰述，而晚年尤好《礼》，谓礼者，理也，古之所谓「穷理」者，即治礼之学也。尽性在此，定命在此。家大人（以周。引注。）继志述事，乃作《礼书通故》……家岱幼读《戴礼》，私有记、注，家大人见之，许以知白守黑，可望治《礼》。年二十将冠，授读《冠礼》。既冠将婚，授读《婚礼》。时萦心于制艺，学不能遂，于今四年矣。乃随家大人之省垣书局，朝夕问难，重理旧业，命其书曰《小戴礼记笺正》。笺者，笺郑注之是，以辟孔疏之误解也……丙子春自叙。』

以周刊《儆居集》。因资斧不给，暂以部分印行。黄以周《儆季文抄》卷三《复胡子继书》：「（以周）刊家君《儆居集》，资斧不给，分作内外两编。内集已告蒇。」馀见明年。

黄家岱成庠生，以经解受知于学使。本年浙江学政为黄倬。黄以周《儆季文抄》卷二《儆孙嫥艺轩诸书题辞》：「（家岱）年二十五游庠，迭以经解受知于学使。每试辄冠曹，而命甚蹭蹬。屡应省试不售，提考优生，数列陪贡，终不与，竟以廪膳生终。性至孝，不敢忤亲意……自壮年得血症，旋发旋止。予为其年齿加长也，时策励之，又怜其身体之素弱也，时宽容之。」此文又载于光绪二十一年南菁书院刊本黄家岱《嫥艺轩杂著》前附。

光绪三年 丁丑 1877 黄以周先生五十岁

以周仍职浙江书局。

应定海厅知事史致驯请，以周与黄以恭等编纂《定海厅志》，往来杭州、定海间。《民国定海县志·艺文志》：「是志创稿于光绪三年史致驯知厅事时，阅五年始成。」黄以周《儆季文抄》卷二《爱经居杂著叙》：「厅同知某耳吾兄弟名，邀同修志。吾时仍在书局，往返其间，吾兄弟得聚首者又二年。」

本年以周致书绩溪胡培系，讨论《仪礼正义》及补作得失。黄以周《儆季文抄》卷三《复胡子继书》：「子继仁兄阁下，暌违教益，十易寒暄。以我时思君，知君亦时思我也。国朝礼学，首推君家。顷接尊翰，知哲嗣诒孙以商籍入钱塘学。绩溪之教，流入浙西，吾浙与有光焉。曩者同事诸公，衮衮出山，弟株守此席，所著《礼书通故》，至今尚未脱稿，岁月蹉跎，难为知己者告。君家研六先生（胡培翚。引注。）《仪礼正义》久服我膺。然文字之讹，有害经义，左右错写，东西移位。《礼》经难读，《礼》说亦难校。近见陈硕甫（陈奂。引注。）校本亦未精致。弟年才五十，精力日惫。校读是书过半而不能卒业矣。研六所著之篇，体例既善，疏解亦精。杨氏（胡培翚弟子杨大堉。胡培翚卒时《仪礼正义》未竣，后由杨大堉续成。引注。）所补，浅陋太甚。诸哲嗣辈有能董而正之者乎？弟虽衰惫，愿效驽力也。研六之书所见有异于郑，或补之，或正之，未尝与郑为难。杨氏则爱今薄古，罗列异说，以与之敌。研六无是病也。研六之书荟萃群言，折衷一是，虽或胪陈异说，亦分正备。杨氏则淆称杂引，胸无主见。上节录甲说，下节从乙说，甲乙两说本不相蒙，遂致上下经文脉络断绝。研六无是病也。研六所著书虽未完，而全经大旨了然胸中，同此一说，此详彼略，视经义之重轻而先后之。杨氏则随见随录，全无权衡……昔江郑堂（江藩。引注。）补惠氏易疏，（指惠栋《周易述》），江藩为撰《周易述补》。引注。）不满人意。陈硕甫补胡氏《后笺》，（指陈奂补胡承珙《毛诗后笺》。引注。）其庶几乎亦有违失墨庄（胡承珙。引注。）科旨。续书之难，甚于作书。君家多才，能致志于研六所著书，又竭数年之力黜杨氏而重补之，甚善。如不其然，后之人必有裒取研六之醇，刊落杨氏之驳，而自成一书以行于世，则研六所著诸篇能独存乎？抑终废乎？未可知也。去年刊家君《儆居集》，资斧不给，分作内外两编。内集已告蒇，谨为呈览。君家所刻《说文管见》（胡秉虔著。引注。）《研六文抄》《内经校义》亦惠我一份，幸甚。」

光绪四年　戊寅　1878　黄以周先生五十一岁

六月　二十三日，以周兄以巽卒，得年六十三。据《墩头黄氏谱》。黄以周有《先兄仲氏谱传》，载《傚季文抄》卷六。

光绪五年　己卯　1879　黄以周先生五十二岁

宁波知府宗源瀚建宁波辨志精舍。辨志精舍又名辨志书院，在宁波月湖竹洲。现为宁波二中。请以周为定规制，并主讲汉学。章炳麟《黄先生传》：「宁波知府宗源瀚有循吏声，独严事先生，就辨志精舍属主焉。尝欲效邹鲁习礼。性解营造，画古宫室为图，命匠将裁矣，源瀚行视良久，曰：「至矣。所谓发育万物，竣极于天者也。顾皇代衣曰：惧不可以行周礼。」先生乃罢。」洪焕椿《定海黄以周的经学著作》（浙江人民出版社 1983 年版《浙江文献丛考》）：「光绪五年，宁绍道台宗源瀚建宁波辨志精舍，请以周定规制，就古今人为学之方，分六斋以课士，每斋必延学有专精者分主讲席。汉学斋由以周自课，宋学、史学、舆地、算学、词章五斋，聘鄞县刘凤章、慈溪何经松、冯一梅、余姚黄炳垕、（本年在辨志精舍主讲天文算学。引注。）镇海陈继聪等五人分任之。」以周有《答宗缃文书》，系就宗源翰所作《权说》阐述「经」「权」字义之作。载《傚季文抄》卷三。

光绪六年　庚辰　1880　黄以周先生五十三岁

春　以周、以恭兄弟同赴京师应礼部试，同下第。归以陶成后辈相勖，无复仕进意。以周大挑二等，补分水县学训导。黄以周《傚季文抄》卷二《爱经居杂著叙》：「庚辰，吾兄弟同赴春官试，同下第。归，各以陶成后辈相勖，而同无仕进意。兄旋得病，越二年卒。」缪荃孙《黄以周墓志铭》：『光绪庚辰，大挑二等，以教职用，补分水县学训导。』

光绪七年　辛巳　1881　黄以周先生五十四岁

以周参与辑校之《续资治通鉴长编》由浙江书局付刊。又奉命编撰《续资治通鉴长编拾补》。

明年付刊。浙江书局本《续资治通鉴长编》前附谭钟麟《序》：『其书久无全本……世所传者，惟张氏爱日精庐本，（指嘉庆二十四年张金吾活字排印本《续资治通鉴长编》。引注。）盖即以阁本为据，而用活字排印者。曩官京师时，曾一见之，鱼鲁之讹，触处皆是，欲觅善本校雠，迄不可得……至己卯岁，（光绪五年。引注。）由陕西移抚浙中，乃从丁君松生（丁丙。本年五十岁。引注。）假得爱日精庐本，而以阁中残本校之，付书局刊刻，妙选局中高才生，使预校雠之役，时则若杨编修文莹、戴编修兆春、沈吉士善澄、濮吉士子潼、潘中书鸿、严主事辰、姚主事烺、夏主事敦复、谭主事日囊、黄教谕以周、王训导诒寿、陈训导谟、徐训导惟锟、周训导善溥、冯举人一梅、王拔贡崇鼎、张副贡大昌、倪廪生钟祥，皆两浙知名之士也……俞太史樾复综核之，积一年之力，剞劂始成。』《浙江学刊》1989年第六期顾吉辰《黄以周和他的续资治通鉴长编拾补》：『光绪七年，浙江巡抚谭钟麟命黄以周等人以浙江文澜阁本（即四库馆臣从《永乐大典》辑出之《续资治通鉴长编》本。引注。）校爱日精庐本，并参考南宋刻五朝本及其他史料，雕版印刷，是为浙江书局本。对于阁本原缺之徽、钦两朝及治平至绍圣中七年事迹，黄以周等人又据宋杨仲良《通鉴长编纪事本末》中收录的原文，仍按年月编排……编为《长编拾补》六十卷。』是文称『《续资治通鉴长编拾补》六十卷，清黄以周等人纂辑，光绪七年由浙江书局刻本刊出。」实《拾补》约光绪八年始刻，应为九年印行，见明年引《拾补》秦缃业序。

光绪八年 壬午 1882 黄以周先生五十五岁

九月

江苏学政黄体芳倡议创立南菁书院。黄体芳，浙江瑞安人。本年五十一岁。光绪六年任江苏学政，至光绪十一年王先谦接任。南菁书院院舍明年建成，光绪十年正式开课。院址位于今江阴南菁中学。《南菁书院大事记》（浙江教育出版社1998年版《中国书院史资料》）：『本校原名南菁，位于江苏江阴城内。清光绪八年，江苏学政瑞安黄公漱兰（黄体芳。引注。）督学江苏，驻节江阴学辕。科举时代常州府八县童生齐集江阴会考，公馀退息，必来江阴，故在江阴之时期特长。倡议设立书院，调取全省高材生肄业其中，专课古学、经学，以救时文之弊。乃捐廉为倡，一时同官咸起响应，将集成之款，易钱三万三千串，分存常州府属八县各典中，取月息一分，以为课生膏火，拨水师营协镇、游击两署故址，建立院舍七进，为课生斋舍及掌教住宅。始于八年九月，成于九年六月……南菁之命名……取自朱子《子游祠堂记》「南方之学，得其菁华」之义。』

《续资治通鉴长编拾补》本年编竣付刊。浙江书局刻本《续资治通鉴长编识补》牌记题『光绪癸未浙江书局锓版』，癸未即明年，刊成应在明年以后。同书前附谭锺麟《序》：『余抚浙之次年，（指光绪六年。引注。）即命书局刻李文简《续通鉴长编》，逾年书成，余既序而行之矣。顾李氏此书于北宋一代事实虽粲然明备，然久罕全本……余乃定条例以授黄举人以周、冯举人一梅、濮吉士子潼、陈副贡生谟、张副贡生大昌、王拔贡生崇鼎、王廪贡生诒寿、倪廪生锺祥，俾分任其事……书成，付之剞劂，使与原书俱传……光绪七年九月兵部尚书升任陕甘总督浙江巡抚谭锺麟序。』此序约写于《拾补》未刊时，《拾补》编竣及刊印时间，下引秦缃业《序》有明确记载：『光绪六年孟春，浙抚谭公命书局校刊《长编》，俾得通行于世。惟不备不完，读书者不无遗憾。缃业适提调书局，因向湖州陆观察借得抄本《纪事本末》，请于谭公，而属在局襄校之黄教谕以周、王训导治寿、冯孝廉一梅分辑之，阅数月，书未成，而王训导病没。于是濮庶常子潼、陈教谕谟、张明经大昌、王明经崇鼎、倪茂才锺祥继之。其间或有未卒业者，张明经悉补完之。始事于六年九月，蒇事于八年五月，凡二十月有奇。缃业复加勘校，名之曰《续通鉴长编拾补》，分为六十卷，授之梓人……光绪八年夏六月前书局提调无锡秦缃业序。』秦缃业字淡如、应华，无锡人。兵部侍郎秦瀛之子。道光二十六年副贡，曾官浙江盐运使。本年六十九岁。

以周应徐树铭之邀，为张大昌绘《约园图》题记。徐树铭同治六年任浙江学政。黄以周《儆季文抄》卷六《约园记》：『钱塘名胜……督学试院之约园最善。乾隆六十年仪征阮公（阮元。引注。）自山左学政移任浙江，课士之遐，修治是园……兵燹之后，园亭荒圮。同治六年，吾师长沙徐公视学两浙，迎太母某太夫人奉养于署，恐无以怡亲志也，乃理兹园……徐公之崇朴学、振文教，一如阮公。同治九年，任满入都，士子翘首以望重来，亦如阮公。于今十有二年，乃以服阕供职，迂道来浙，见其石寿园荒，花新树老，憾然有感，命门下士张大昌绘是图，黄以周记其事。』

以周、以恭编《定海厅志》毕。光绪十年刊竣。《民国定海县志·艺文志》：『光绪《定海厅志》三十卷，清光绪八年武进陈重威、邑人黄以恭、黄以周等撰……后任厅知事陈恩受刊行之。』陈恩受任厅知事在光绪十年。

光绪九年　癸未　1883　黄以周先生五十六岁

六月　南菁书院建成。据本谱光绪八年引《南菁书院大事记》云南菁校舍『成于九年六月』，而柳诒征《江苏书院志初稿》（载《江苏国学图书馆年刊》1931年第四期）引《江阴县续志》称南菁书院议创于光绪十年：『南菁书院，在邑城内中街，本长江水师京口营游击署故址，光绪十年甲申，江苏学政黄体芳捐廉议创。是院专课经学、古学，以补救时艺之偏。两江总督左宗棠助成之。第一进三楹为头门，第二进三楹为讲堂，堂后东西相对各七楹。』

《续资治通鉴长编拾补》本年于浙江书局付刊。

式三《论语后案》于浙江书局刊竣。

十二月　二十四日，黄以恭卒，得年五十六。据《墩头黄氏谱》第268页。《清史列传·黄式三》称黄以恭光绪八年卒，年五十四。均误。黄以恭子黄家桥请以周为撰传。黄以周《儆季文抄》卷二《爱经居杂著叙》：『光绪九年，七兄质庭（黄以恭。引注。）孝廉殁，吾为之传，附入《定海厅志》中……今家桥编其父遗文数百篇，乞吾删定。为择其义之精确、文之雅正者都为一集，其次者别编于后。乃告家桥曰：「尔取前集先付梨枣，勿谓我所定未当也。其别集文也有佳者，尔谨藏之，亦勿谓我所定尽当也。俟尔力学有成，更择尔父之文，有可刻者，其重刻之。」』黄以周《儆季文抄》卷六《先兄质庭志传》：『（以恭）晚应聘修《厅志》，刊旧编新，不辞劳瘁。《大事记》诸篇，大半出其手，辞约事详，尤得史体，为学使者霁亭张公（张澐卿。引注。）所击赏。《厅志》刊未及半，而疾亟，犹拳拳以马焉互误为己忧。同事者哀其志，爰附于诸传之后。』

光绪十年　甲申　1884　黄以周先生五十七岁

秋　南菁书院正式开课。《南菁书院大事记》：『光绪十年秋，方开课，分经学、古学两门，各设内课生二十名，住居院内，每月给膏火五千文，外课生、附课生各若干名。』

黄体芳聘以周接替张文虎，本年七十七岁。出任南菁院长、主讲经学。张文虎去年七月应黄体芳聘，主南菁讲席，至十一月归里。明年以七十八岁卒于里。《清儒学案·儆居学案·儆季交游》列有张文虎名。黄以周《南菁书院立主议》：『黄公创建南菁书院落成……其明年张院长辞讲席归，以周承乏来滋……』洪焕椿《浙江文献丛考·定海黄以周的经学著作》：『以周自光绪九年（应为十年。引注。）至书院任教，历十五年之久……一时东南俊彦，著籍为弟子者，先后达千馀人。』

林颐山、冯一梅、王兆芳、张锡恭、陈庆年、曹元忠、唐文治、吴稚晖、丁福保等先后入南菁书院从以周学。章炳麟《黄先生传》：『江苏学政黄体芳就南菁书院延先生讲，主书院十五年，江南诸高材皆出其门。中间尝并建佗师，喜发策干进者多归之。而事朴学者专宗先生。弟子慈溪冯一梅、林颐山、丹徒陈庆年、元和曹元弼为得其传。通州（指南通。引注。）王兆芳尤亲，早死。』柳诒征《江苏书院志初稿》（载《江苏国学图书馆年刊》1931年第四期）：『南菁书院代暨阳（指暨阳书院，同在江阴，时已改名礼延。引注。）而兴，彬彬焉人文渊薮。张文虎以淹博之学开其端，黄以周、缪荃孙继之，分掌经、古，沾溉愈宏。院生传其学者，赵圣传、陈庆年，精博冠时……陈庆年

《赵圣传传》：「光绪甲申，闻江苏学政瑞安黄公已建南菁书院，专课经、史、古文词……院长黄先生，（以周。引注。）浙东经学大师也。谓君（赵圣传。引注。）该洽群籍，为诸生冠，署为斋长。」《陈横山先生行述》：「南菁院长为定海黄元同先生，甬东大经师也，耳府君（陈庆年。引注。）盛名久，（此句当改为：府君耳盛名久。引注。）无由亲炙，则上书称弟子，以所著笔记求正。元同先生大赏之。遂至江阴，应经古试，下笔如有神助，学使王益吾先生（王先谦。本年四十三岁。明年任江苏学政。引注。）激赏之，檄往南菁书院。抵院谒元同先生，侃侃言志，先生识其不凡，命摄「训」字号斋长。」

《清儒学案·儆居学案·儆季弟子》一节，列有林颐山、张锡恭、陈庆年、曹元忠、于鬯，前引章炳麟《黄先生传》又列有王兆芳、冯一梅、曹元弼，本年后又有唐文治、吴稚晖、丁福保等入南菁求学。以周弟子号称「千馀人」，多就南菁肄业者而言。下以生年为序，略记上述诸弟子行谊。

林颐山（1849—1906）字晋霞，慈溪人。《清儒学案·曲园学案》附林颐山小传：「光绪壬辰（光绪十八年，引注。）进士。江苏即用知县。先生早负文誉，上元宗湘文源瀚守宁波，创设辨志文会，讲经史经世之学，先生为会中高才生。长沙王祭酒先谦督学江苏，延佐辑校《经解续编》。迨通籍后服官江苏，淡于荣利，著述不辍。继儆季（原文误为季儆。引注。）主讲南菁书院，（林颐山长南菁在1897—1898年，后南菁改称高等学堂，林继任总教习至1900年。引注。）教士一秉遗规，士林翕服。宣统初聘任礼学馆纂修。著有《经述》三卷，及《经解续编》著录行于世。又有《群经音疏补证》《水经注笺疏稿》未传。」《四库大辞典·经述》：「王先谦提学江苏，林颐山曾事其幕。先谦刻《经解续编》搜求著述，《经述》为未成稿本，亦采入编中，非颐山之意。颐山著述颇多，不见传世。」林著尚有光绪间木活字版《鸣阴楼文存》见存。复旦大学图书馆藏有其稿本《蒙溪遗稿》，未检。

冯一梅（1849-1907）字梦香、梦芗，室名述古堂，慈溪人。光绪二年举人。曾就读诂经精舍，从俞樾学。《清史稿·俞樾传》：『课士一依阮元成法，游其门者，若戴望、黄以周、朱一新、施补华、王诒寿、冯一梅、吴庆坻、吴承志、袁昶等，咸有声于时。』同治六年，浙江代理巡抚杨昌濬聘冯为浙江书局校书。梁恭辰《巧对续录》卷下：『慈溪冯一梅孝廉，博学多识，隽才也。与同书局有年，曾于梅中丞（梅启照，光绪三年至五年任浙江巡抚。引注。）处揄扬之，改为总校，遂有知己之感，执弟子礼甚恭。』冯一梅与以周同事浙局本《续资治通鉴长编》辑注，参与校勘光绪九年浙局本《鄂国金佗粹编》、光绪二十六年浙局本《后汉书疏证》。又曾主讲衢州正谊、镇海鲲池、徐姚龙山等书院。光绪二十二年创修《龙游县志》，未成，稿佚。民国《龙游县志》末余绍宋云：『县中文献经辛亥之役，多散轶无可征，赖此稍存崖略。』赖此，即指冯修本。光绪三十年冯为徐树兰绍兴古越藏书楼编《古越藏书楼书目》二十卷，同年由上海崇实书局石印出版。时冯为绍兴府中学堂教师，一说为总教习。古越楼藏书章『古越藏书楼图记』即为冯刻。冯氏著作还有《述古堂诗集》十卷、《述古堂经说》三十卷、《老子校勘记》二卷、《老子释文校勘记》一卷、《内经校勘记》四卷、《西方子明堂灸经校勘记》一卷、《铜人针灸经校勘记》一卷、《译学刍论》一卷。宁波市图书馆藏有冯著《素问校勘记》稿本。日本东京大学东洋文化研究所图书馆藏光绪重刊本《吴山城隍庙志》，末有光绪五年冯撰《重刊吴山城隍庙志后序》。光绪十二年十一月冯撰《植庵汪先生传》现有私人收藏。光绪三十年上海书局石印本《增批直省闱墨》，署冯一梅、刘鲲编选。《中国近现代人物名号大辞典续编》第五十页冯一梅条过于简略，且未载生卒年，特补述之。黄以周《礼书通故》卷一末署

『受业慈溪冯一梅初校，子家辰复校』，可证冯曾从以周学。

王兆芳（1861—1898）字漱六，其居号霞山精舍。祖籍兴仁镇（在今南通市与南通县治金沙镇之间）项家桥，世代务农。南通县人民政府编史修志办公室编1984年版《南通史话二》载季子《苦学成材的学者王兆芳》一文，记述兆芳生平事颇详，特摘引如下：兆芳早年丧父，随母在当地成姓家佣工放牧，时聆听于村塾窗下，渐能成诵。塾师劝其入学，兆芳求母改嫁，以换取学费。入塾后兆芳读书不倦，学业大进。同治十二年，江南连遭虫旱之灾，继父举家逃难，途中兆芳与家人失散，流落通州街头，乞讨为生，而仍心向学，常徘徊于儒学门首，竟得通州举人吴某雇为书童。侍读闲暇，取书自读。吴某察觉，考以经义，对答如流，得吴赏识。时邱松甫于吴家处馆，亦爱其才。后邱中举，资助兆芳进南菁书院，并以女许之。时兆芳年二十馀。（南菁书院1884年开课，时兆芳二十四岁，推测其为首批入学者之一。）进南菁后，深受黄以周、黄体芳的赏识。（原文以黄以周、黄体芳为一人。径改。）省学台吴汝纶，对他也另眼相待，（吴汝纶从未任江苏学政，此时在直隶莲池书院。此或为吴存义之误。）并收为私淑弟子。光绪十五年兆芳应试中举，回南通连日庆贺。时其母已沦为乞妇，到其宅后门求见，兆芳拒见，使下人付二百文。其母遂自缢于门旁厕中。乡里俱以不孝诟病之，至其久未铨叙录用。兆芳则终日抄录《孝经》以示忏悔。吴汝纶出任京师大学堂总教习，邀兆芳赴京。兆芳到京，寄居于京师大学堂，饱读藏书。吴汝纶力荐与慈禧。慈禧破例召见策试，视为异材。因其五短身材，乃以『矮脚书橱』称之，暗示其貌不扬，竟未得官职。（此一段于史无征。张百熙荐吴汝纶任京师大学堂总教习在1902年，时兆芳已逝。吴并未就任总教习之职，且其官秩尚不及向慈禧荐人。）兆芳仍回金沙故居，即今县招待所对门。后在家开馆教授学生。张謇慕其才，邀至通州。光绪二十四年春，兆芳于病中接中国教育会长蔡元培聘书，邀其往北京任教。（蔡元培与叶浩吾等组织中国教育会并被推为会长事在 1902 年。此段所言亦可疑。）待启程，突发脑溢血而逝，年仅三十八岁。其著作有《公羊异礼疏证》一卷，《经义征学》四卷，《古今义鉴》二卷，《教育原典》六卷，《霞山精舍文献记》二卷，《才兹文》《文章释》各一卷。以上据《苦学成材的学者王兆芳》。其所记王著，除《才兹文》有刊本传世，其他多下落不明。上海图书馆藏有稿本《王兆芳杂文稿》，索书号：线普 567308。未检。唐文治《黄元同先生学案》记王兆芳曾著《以周先生行状》，亦未见。光绪十九年刊黄以周《礼书通故》、光绪二十二年刊黄以周《经训比义》两书所署校对者中均有王兆芳。另见本谱光绪二十四年所引以周《才兹集序》。

于鬯（1854—1910）字醴尊，号香草。上海南汇县人。光绪二十三年拔贡。以直隶州州判用。因母年高，绝意仕进。荐经济特科，亦不赴。其学长于《三礼》《说文》。逝后缪荃孙撰墓志，载《艺风堂文别存·辛壬稿》，《碑传集三编》收录。胡玉缙为撰小传，《清儒学案》摘录，附于《陶楼学案·陶楼弟子》。所著《香草校书》六十卷，有光绪末年刻本，中华书局排印本。《香草续校书》二十二卷，有中华书局版张华民点校本。《读仪礼日记》《读小戴日记》，有《学古堂日记四十种》本，《续修四库全书》影印。《读周礼日记》，有《续修四库全书》影印本。《荀子校书》，有台北 1963 年排印本，成文出版社影印本。《说文识墨》三卷，有上海书店《丛书集成续编》影印本。《花烛闲谈》，有光绪末年木活字本，民国三年上海国学扶轮社铅印《香艳丛书》本，台北新文丰出版公司《丛书集成续编》影印。另据国家图书馆中国古籍善本书目联合导航系统记录，上海图书馆藏有于撰《古女考》六卷《补考》一卷稿本。上图藏于斌撰《尚书集解》稿本、万历三十七年刻本《黄帝内经素问》均有于跋，同治十一年金陵书局刻本《楚辞》有于校迹。南京图书馆藏有沈树镛抄本于鬯、沈毓庆撰《说文集释》。南图藏抄本宋洪遵《泉志》附续志、补遗，亦有于校迹。

张锡恭（1858—1924）字闻远、殷南。松江娄县人。光绪十一年中拔萃科。同年与曹元弼奉黄体芳命调入南菁书院，就学于黄以周等。《儆季文抄》卷三第二十五页收有《答张闻远书》，系讨论经义之作。光绪十四年锡恭中举。光绪三十四年荐入礼学馆。著有《茹荼轩集》《茹荼轩续集》。事迹见曹元弼《纯儒张闻远征君传》，载民国三十八年铅印本《云间两征君集·茹荼轩续集》前附。馀见本谱明年引。

胡玉缙（1859—1940）字绥之。江苏元和人。光绪三年补县学生员，肄业正谊书院。光绪十七年中举。曾任湖北知县，又入张之洞幕。清末为礼学馆纂修。民国间任教北京大学。事迹见王大隆《吴县胡先生传略》及卢慎之《许庼遗书序》。（王大隆为曹元弼入室弟子，曹元忠、曹元弼、胡玉缙、林颐山身后稿本多归其所有。）胡玉缙所著有《甲辰东游日记》六卷，学苑出版社《历代日记丛抄》曾予影印。又有《许庼学林》，有中华书局排印本。又有《说文旧音补注》，有光绪十四年刊《南菁书院丛书》四十一种本，上海书店《丛书集成续编》、台北新文丰《丛书集成续编》均据此影印。又有《四库全书总目提要补正》，王大隆辑，有中华书局排印本、上海书店重印本。又有《续四库提要三种》，有上海书店吴格整理本。另据国图善本书目导航，复旦大学图书馆藏有许克勤、胡玉缙辑《周礼注引汉制》稿本，光绪二十四年胡玉缙手抄李文田《元史地名考》五卷，康熙刻本《汲冢周书》十卷有胡跋。南京图书馆藏元于钦《齐乘》元于潜《释音》清周嘉猷《考证》全六册有胡跋，朱士端《彊识编》八卷和《说文形声疏证》十四卷稿本均有胡氏校迹。上海图书馆藏曹之升《四书摭余说》七卷、抄本刘宝楠《念楼集》均有胡氏校迹，高德馨抄丁士涵《补注黄帝内经素问校记》《黄帝内经灵枢校记》有胡跋。另据王大隆《吴县胡先生传略》：『其《读说文段注记》《释名疏证》《独断疏证》《新序注》《说苑注》《论衡注》《金石萃编补正》《金石续编补正》稿逸待访。』

陈庆年（1862—1929）字善馀，江苏丹徒人。光绪十四年优贡生，肄业南菁书院，曾任南菁书院学长。以周《儆季文抄》卷三收有《答陈善馀书》《再答陈善馀书》。光绪二十九年端方保奏内阁中书衔。受端方之托，创办江南图书馆。所著汇编为《横山乡人类稿》，以家刻十三卷本为佳。事迹见唐文治《陈君善馀墓志铭》，收入《碑传集补》卷五十四。南海出版公司1996年曾出版《陈庆年文集》，附有《陈庆年年谱》。近年陈庆年孙陈登丰又有新编《陈庆年年谱》。

曹元忠（1865—1927）字夔一，揆一，号君直。吴县人。光绪十年入南菁，见本谱是年引。光绪二十年举人。官内阁侍读，资政院参议。王大隆将其著作编为《笺经室遗集》二十卷，有王氏学礼斋1941年铅印本六册，末附曹元弼撰家传。上海商务印书馆1923铅印本陈衍辑《近代诗抄》第十九册有《曹元忠小传》。曹元弼《曹元忠家传》云：『元忠甲申（光绪十年。引注。）以第一人补博士弟子，督学瑞安黄漱兰（黄体芳。引注。）师器异之，咨送南菁书院肄业，从定海黄元同师以周受《诗》《礼》群经……余少兄二岁，自少与论文至欢……余从定海师质正诸大义，不久即归。而兄止宿南菁有年。每假旋，相就论学，各举心得相证，往往不谋而合……兄学业日进，闻望日隆，历任江苏学政如长沙王益吾（王先谦。引注。）前辈，茂名杨蓉浦（杨颐。引注。）师，宗室溥玉岑（溥良。光绪十七年任江苏学政。引注。）

年丈皆重兄学，以其文刊入《江苏试牍》《南菁书院课艺》。元同先生为礼经大师，尝以所著《军礼司马法考征》与兄所辑《司马法古注》合编并行，各存一说，其重之如此。』此家传载于1941年王大隆学礼斋铅印本《笺经室遗集》前附。后称光绪三十四年清廷设礼学馆，修《大清通礼》，溥良奏派曹元忠规划条例，延聘师儒。曹荐林颐山、张锡恭、钱同寿等。又称元忠所著诸书『未及写定，编简丛残，涂改或难识别，余以目疾不能自校，以属弟子王大隆欣夫精心详勘……总编为《笺经室遗集》二十卷。』另《笺经室遗集》卷十四收录曹元忠与黄以周书四札，包括《上黄元同师论子思子书》二，《上黄元同师论司马法书》二。

唐文治（1865—1954）号蔚芝，晚号茹经。江苏太仓人。光绪八年中举，光绪十一年入南菁，受业以周门下四年馀。光绪十八年成进士。后补为总理各国事务衙门章京，又创办上海南洋公学，出使日、英。1907年任上海高等实业学堂（上海交通大学前身）监督，至1920年。晚年主讲于自办之无锡国学专修馆。著有《茹经堂文集》《茹经先生自订年谱》等。《辛亥以来人物传记资料索引》列有唐氏传记资料二十种。张舜徽《清人文集别录·茹经堂文集》述其晚年思想僵化颇详。

吴稚晖（1865—1953）原名吴敬恒，以字行。二十三岁（一说二十五岁，约光绪十四年前后）入江阴南菁书院。台湾国民党史料编委会1969年出版《吴稚晖先生全集》十八册。杨恺龄编有《民国吴稚晖先生敬恒年谱》。

王家枚（1866—1907）字吉臣，号寅孙。江阴人。十九岁成邑庠，后肄业南菁书院。光绪二十年中举。好藏书。著有《汉学师承记续编》一卷、《重思斋诗文集》六卷、《梓里咫闻录》二卷、《华墅镇志》四卷，均未见。上海图书馆藏有其辑补《息甫先生年谱》，为光绪二十八年木活字本一册，索书号：线普长721801。王另辑有沙张白《定峰文选》一卷、翁照《赐书堂诗稿》一卷、王坤《宛委山房诗词剩稿》一卷、王泰阶（家枚父）《青箱室诗抄》一卷，合称《重思斋丛书》，刊于光绪二十四至二十七年间。缪荃孙撰《王生吉辰家传》，收入《碑传集三编》。

孙儆（1866—1952）字谨丞、谨臣、敬臣，号沧叟。南通金沙镇人。光绪二十九年中举。之前曾任江苏宝山县县学训导。1905 年与顾鸿闿（也是金沙镇人，以周弟子）创办金沙南市县初等小学校（今名通州市金沙小学）。1907 年任南通县教育会长及四川省教育分所长。1909 年任四川省青神县知县并供职国史馆。1910 年辞职归里。1912 年任共和党南通县分部临时干事，当选江苏省国会议员及江苏省议会副议长。1914 年赴日本考察。1917 年开办工业学校，传授人造棉技术。1920 年建孙氏高等小学。1922 年创办金沙职业学校，开设纺织专业。1923 年创立南通县立初级中学（后改名通州高级中学，今名通州市金沙中学）。1924 年于金沙建金南剧场。1927 年退出政界，旅居沪上，鬻字为生。1946 年与马相伯、黄炎培等社会名流联名通电，要求政府停止内战。其为学，早年专治毛诗、三礼，晚年喜研殷虚书锲、甲骨文字。著有《白门正续集》《补正凌次中礼经释例》《续五山志稿》等。首都图书馆藏有孙儆等撰《南通县孙氏念护堂题咏集》四卷，为 1931 年序铅印本一册。

曹元弼（1867—1953）字叔彦，一作彦叔，室名复礼堂，晚号复礼老人，吴县人。曹元忠族弟。《民国人物碑传集》收录其弟子王大隆撰《吴县曹先生行状》记述甚详：『乙酉（光绪十一年。引注。）调取江阴南菁书院肄业，从定海黄先生以周问故。时大江南北才俊士咸集南菁，朝夕切磋，而尤与娄张锡恭、太仓唐文治交笃，质问疑难无虚日。是年选充拔贡生第一名。』光绪二十一年成进士。《苏州杂志》2001 年第五期柴庆翔《遗老旧事》：『五十年代，苏州还有一位曹元弼，（我的姑丈。原注。）也是蓄着长辫寿终正寝的……曹元弼，字叔彦，世居苏州阊门西街。大哥曹元忠乃学者，二哥曹元恒知名度较高，光绪戊申年（光绪三十四年。引注。）经人举荐入京为慈禧、光绪治病……曹元弼本人中了翰林（朱彭寿《旧典备征》卷四：光绪三十四年，王闿运以举人授翰林院检讨，曹元弼以分部郎中授翰林院编修。皆异数也。引注。）……辛亥革命，从此闭门谢客。姑丈毕生专治礼学，对营生之道一无所知，好在曹宅深院藏书甚丰，凭祖上传下家财，足以供其皓首穷经。元配夫人王氏早逝，（王氏为继配，元配为唐氏。引注。）膝下无子，生活全靠守寡的胞妹照顾。后来胞妹也过世了，老人鳏居多年……我的姑母柴亚兰年近六十犹在闺中。1947 年初夏，经人撮合定亲，姑母许曹元弼。六十岁新娘嫁九十岁新郎。（曹时年八十。引注。）这桩婚事在当时苏州爆出特大新闻，苏沪一带报纸大为渲染了一番……我在 1948 年至 1949 年期间，成了姑母家庭中的一员……在曹家的生活情景犹历历在目。每天清晨起床第一件事，就是梳头。九十岁姑丈的发辫居然还是黑色，只是稀少得可怜，细细的像根老鼠尾巴，姑母仍替他在辫梢缠上红头绳。接着，吃一碗不放糖的百合汤。穿戴整齐后，仆人在厅堂摆好香烛，姑丈朝北三跪九叩首，说是拜神仙，其实我们心里清楚他究竟在拜谁。（曹氏愚忠，所谓拜神仙，实为拜清皇室。1917 年其自撰《复礼堂文集序》仍署宣统丁巳。引注。）早餐既毕，姑丈开始著书，有一位六十多岁的老学生（记得姓陆。原注。）作助手，姑丈口述，学生以一手工整小楷笔录，两人在书房要一直弄到中午。姑丈著书从不翻书查资料，凭自己多年博闻强记……虽因病双目近乎失明，然几十年从未辍笔。有时他也埋怨老学生表达不准确，却不想，当他的助手也非容易，酬金不多，除提供一顿中饭，还有车马费少许……由于常年足不出户，姑丈对外面的世道一无所知。』1949年前后，顾颉刚曾看望曹。其后，当地政府曾派人上门送慰问金，柴亚兰接待。浙江人民出版社2001年版《中国近代最大的丝商群体》云：『检其（刘承幹。引注。）日记、函稿，所记历年与师友亲朋交往中，贺寿祝婚、恤孤吊亡、视病赠药之事，几乎无月没有。如承幹与苏州曹元弼先生之交谊，即为一例。曹氏为前清进士，入民国不仕，家居苦研三礼，闭门不出，其生活经费，常接受承幹接济。曹氏殁于1953年，年老多病，家用甚繁，不得不时作将伯之呼。其时承幹虽亦生计日窘，每获曹氏来信，仍能勉力以赴，为曹氏所深感。』1959年柴亚兰去世。曹著有《孝经学》七卷、《礼经学》七卷、《礼经校释》二十二卷、《周易郑氏注笺释》十六卷、《古文尚书郑氏注笺释》四十卷、《复礼堂文集》十卷、《复礼堂述学诗》十五卷。上海崇源艺术品拍卖有限公司2005年春季拍卖会曾以十六万元拍出《沈曾植王同愈俞樾梁鼎芬费念慈陆润庠等致曹元弼丛札》一份，计有六百多通，王大隆后人送拍。上海图书馆藏有王大隆1954年撰曹氏行状手稿两页，《民国人物碑传集》所收或即据其打印件排印。王大隆另编有《曹元弼年谱》稿本，未刊，下落不明。《民国人物大辞典》称元弼生于1879年，世多沿用，误。

丁福保（1874—1952）字仲祜，号畴隐，江苏无锡人。光绪二十一年入南菁书院肄业。1901年考入上海东文（日文）学堂，1909年赴日考察现代医学。1940年与人创立中国泉币学社。著有《佛学大辞典》《古泉大辞典》《畴隐文集》及《畴隐居士自订年谱》。

白作霖，字振民。南通人。生卒年不详。光绪十一年举人，光绪十七年春肄业南菁书院，明年住院，从黄以周、林颐山学（见本谱光绪十八年引）。所作经课文字后编为《质庵集》，经黄以周审阅后付梓，见存光绪二十四年铅排本。光绪二十四年春，白氏转入唐文治创办之上海南洋公学任教。1900 年，宁波富商叶澄衷生前筹建的澄衷蒙学堂在上海虹口建成，蔡元培被聘为总教习，白初任舍监（管理学生住宿事务），后担任校长。曾留学日本。又曾任京师译学馆提调。上海译书社 1901 年曾出版白译《各国学校制度》，1902 年又出版白译《小学各科教授法》。同年东京译书社出版白作霖自日译本译出之中文版《比较行政法》，是为第一部中文版行政法专著。

以周初主南菁时有奉主之议，曾上书黄体芳具陈己见。《儆季文抄》卷六黄以周《南菁书院立主议》：『黄公（黄体芳。引注。）创建南菁书院落成，院长张啸山文虎与多士奉高密郑君、（郑玄。引注。）新安朱子（朱熹。引注。）两先贤主，已有成议矣……其明年张院长辞讲席归，以周承乏来滋，乃申其议……犹有说南方之学自吴季札、言子游二人而开。江阴旧有书院曰「礼延」，奉吴季子主。今欲持汉宋之平，似宜中奉言子主，而以郑君、朱子配享，则南菁与礼延两书院遥相峙，于命名之义亦更有会焉。未知瑞安黄公之意以为如何？谨议。』

又作《南菁讲舍论学记》。黄以周《儆季文抄》卷六《南菁讲舍论学记》：『瑞安黄侍郎（黄体芳。引注。）督学江苏，创讲舍，命名以「南菁」，语出李延寿《北史》。予窃以为，侍郎命名之意，当别有在。李之言曰：「南人约简，得其英华；北学深芜，穷其枝叶。」夫英华者，敛其全物之精气而发于枝叶间者也，去其枝叶有何英华？一言以为「不知此之谓矣」。朱子作《常熟吴公祠记》，以为吴会之学，开自子言子，而子言子敏于闻道，不滞于形器。因引李语曰：「所谓南方之学，得其菁华，盖自古已然。」侍郎命名之义当在此，不在彼……侍郎奉高密、新安二主于讲舍，颜曰「南菁」，盖亦望学者参求郑君、朱子之言而上，取法乎子言子。』文中所谓『南人约简，得其英华；北学深芜，穷其枝叶』出自《北史》卷八十一《列传》第六十九《儒林上·概述》，后人多据此发挥，泛论南北学风之异。以周不以为然，而认同朱熹对吴地学风『敏于闻道，不滞于形器』之概括。此段借解释『南菁』非『南英』，阐述了以周对南菁书院所应遵循的学术方向的设想。而文中引朱熹文略有出入。经核，朱熹《平江府常熟县学吴公祠记》此处原文为：『以故近世论者意为其人，必当敏于闻道，而不滞于形器，岂所谓南方之学得其精华者，乃自古而已然也耶。』精华即菁华。

以周、以恭主编《定海厅志》本年刊竣。

光绪十一年　乙酉　1885　黄以周先生五十八岁

以周在南菁书院主讲。

八月　王先谦接替黄体芳出任江苏学政，十月抵江阴学署。据王先谦《葵园自订年谱》本年：『八月初一日，奉旨「江苏学政著王先谦去。钦此。」次日具折谢恩……十月二十六日抵江阴驻署。』

本年　唐文治、张锡恭、曹元弼受业南菁书院以周门下。唐文治《黄元同先生学案》：『文治自光绪乙酉岁受业先生门下，忽忽已三十馀年矣。（此文作于1916年以后。引注。）追维先生训，恒自警惕。』唐文治《茹经先生自订年谱》本年：『春，偕毕君枕梅、张君拙嘉名树寅诸友，同赴江阴南菁书院应试。取超等，住院肄业。谒见黄漱兰师，谆谆然训以有用之学，遂受业于院长黄元同先生之门。

先生名以周，浙江定海人，为薇香太夫子之季子，东南经学大师也。闻余讲宋儒之学，甚喜。语余曰：「顾亭林先生有言，经学即理学，理学即经学，不可歧而为二。圣门之教，先博后约，子其勉之。」复教余训诂、义理合一之旨。先假余陈北溪先生《字义》，（指南宋陈淳《北溪字义》。引注。）余抄读之，逾月而毕。又示余所著《经义通诂》，后改名《经训比谊》，（即《经训比义》。引注。）余亦摘其精要者抄录之。又于藏书楼纵览诸书。自是于经学、小学亦粗得门径矣。」曹元弼《纯儒张闻远征君传》：「锡恭年二十补博士弟子员。光绪乙酉中拔萃科。时先师瑞安黄公（黄体芳。引注。）……建南菁书院于江阴，君与余均在调取中。初，余与君并治《礼经》，同受学于南菁院长定海黄元同先生。尊闻行知，触类变通，由后师之说以深探先师硕意。」此文作于1949年，载于同年出版之铅排本《云间两征君集·茹荼轩续集》前附。

《黄式三传》采入《国史儒林传》。据以周《先考明经公言行略》。

光绪十二年 丙戌 1886 黄以周先生五十九岁

夏 王先谦奏请设局南菁书院，汇刻《皇清经解续编》。王先谦《葵园自订年谱》本年条：「臣昔于阮元所刊《经解》外搜采说经之书为数颇多。抵任（指江苏学政任。引注。）后，以苏省尤人文荟萃之区，檄学官于儒门旧族留心搜访，时有采获，共得书近二百种，都一千数百卷……稔知宁苏两书局近来经费不甚充裕，未能刊此巨帙，因就近于江阴南菁书院设局汇刊。曾函知督抚臣在案。臣已捐银一千两，鸠工缮写。惟此项刻赀为数较钜，容再函商督抚……奉旨：「知道了。钦此。」」《南菁书院大事记》：『十二年夏，学使王先谦奏准在南菁书院设局，汇刻《皇清经解续编》，计二百零九种……嗣又刻《南菁丛书》四十一种一百四十四卷，《南菁札记》十四种二十一卷。板均藏院中，以惠士林。事变前每岁雇工印刷，运销沪上各书肆，年达数十部。藏板于事变时悉毁于火，荡然无遗。』

以周在南菁书院主讲。唐文治会试下第，再入院就读以周门下。唐文治《茹经先生自订年谱》本年：『春，赴礼部试，下第归。黄师函招，仍赴南菁书院。初治《易》，先读惠氏、（惠栋。引注。）张氏、（张惠言。引注。）焦氏（焦循。引注。）诸书，继请业于黄师。师曰：「本朝《易》学，虽称极盛，然未能有贯通汉宋、自成一家者。子读《易》当于《通志堂经解》中求之。其中如朱氏《汉上易传》、项氏《周易玩辞》、吴氏《易纂言》皆极精当。」余因细读之，觉项氏《易》尤胜。黄师又假予所著《十翼后录》，裒然巨帙，未克抄录。』其中《汉上易传》指南宋朱震撰《汉上易传》，又名《朱文公易传》。项氏指宋项安世。吴氏指元吴澄。

秋

以周赴遂昌县训导任。遂昌县位于浙江省西南，今金华市以南，丽水市以西，旧属处州府，今属丽水市。章炳麟《黄先生传》：『晚选处州教授。』光绪二十二年刊《遂昌县志》卷六第四十页记以周本年官遂昌训导。曾一游遂昌妙高书院旧址，与教谕罗树棠议重办事，未果。黄以周《儆季文抄》卷六《游妙高书院记》：『处州遂昌县……书院（即妙高书院。引注。）之经始在道光初……兵燹以来，又经县令韦君某某等修葺……而课士二年辄停止，一年不行。询其故，以为经费不给。而观县志所记，书院田租之入，初不甚薄，心窃异之。一日，署训导黄以周偕罗教谕树棠游妙高山，登文昌阁，退而坐于讲堂之侧，力以董理书院，为教谕劝。教谕喟然而叹，历举积弊以告。训导曰：「是不难，无名之苞苴及浮费之饮食可革也，有据之田产可稽，其山林之大木被土人私斩者可禁也。」教谕曰：「吾尝试之矣，欲除其弊，而有力者沮之……今得见如吾训导，可谓致意文教，不二月又将去任，庸非虚有其志乎？」训导曰：「是不然，若登高必自下，若陟遐必自迩。欲崇学校必自书院始。今幸教谕先发其议，某虽不久去，安见后我者无同志？书院之创，得四贤令而克成，此可前鉴也。事不必成于一人，苟有益于遂昌士子，成诸人，犹成诸我也。」言毕左右顾，堂楹有联语曰「士耻独为君子」，相对粲然笑。』

以周送应试童生往括苍，购青田石雕寿星两尊。括苍县为处州府治，今县名已裁撤，其位置即今丽水市莲都区。黄以周《儆季文抄》卷三《黄石公记》：『处州之青田山多产美石，质温润如玉，色多白，或间以黝，若赤、若紫、若黄。土人取而琢之，以为文具，书画家之印章亦以是石为之。光绪十二年秋，余奉藩司檄，权遂昌县训导，为试事送生童抵括苍，见市肆中有白石观音二、黄石寿星二、黝石狮子二，狮上有台可焚烛。以素不媚佛，舍观音而购寿星及烛具归。陈姬悯余之老也，遂奉祀于其寝，旦夕祈余寿。余怜其勤，止之，卒不辍。』陈庆年《黄氏庶母陈孺人传》：陈氏『性媚佛。光绪十二年中书权遂昌训导，购黄石寿星二，陈氏悯中书老，奉祀于其寝，旦夕祝中书寿。中书亦以孺人孱弱多病，悯其勤，止之，不少辍也。』

海宁许仁林逝于遂昌学署，以周为撰传。

光绪十三年 丁亥 1887 黄以周先生六十岁

以周在南菁书院主讲。

二月 十五日，镇海好友胡洪安卒。

十一月 归镇海吊亡友胡洪安，为撰家传。黄以周《儆季文抄》卷六《胡君荭庵家传》：胡洪安『晚年（因遭诸子女亡。引注）……谢绝世事，独居九峰书院，日读庄、老诸书以自遁……光绪十三年丁亥二月二十五日卒于家，年六十有一……十一月以周自南菁书院归吊，其子仁业因编其事迹，以为之传。』

光绪十四年 戊子 1888 黄以周先生六十一岁

八月 江南省乡试，南菁同学二十馀中举，南菁名声大振。据唐文治《茹经先生自订年谱》。

吴稚晖、本年二十四岁。丁宝书、丁福保兄弟等先后入南菁书院，受业以周门下。

丁福保《畴隐居士自订年谱》本年：『近来邑中之好学者皆肄业江阴南菁书院，治考据、词章之学。余虽年幼，亦心焉慕之。其后阅三十五年，稚晖先生（吴稚晖。引注。）作《寒厓诗集序》，（《寒厓诗集》作者孙揆均，与稚晖同时就学南菁。引注。）述当年之情形最详，因节录之如下……「余（吴稚晖。引注。）不好为诗，故年二十有三（即本年。引注。）著学籍。适其时……讲学南菁者，有南汇张文虎、定海黄以周、江阴缪荃孙、慈溪林颐山。余应选入南菁，治学第一日，谒定海先生。先生铭其座曰：实事求是，莫作调人……时长吾曹舍者，为丹徒陈庆年。庆年为经师柳兴恩姊子，能传外氏学。」』丁福保本年十五岁，其入南菁之具体时间待考。《畴隐居士自订年谱》光绪十七年：『正月，孙寒厓先生应课南菁书院，批余诗……』光绪二十一年：『余肄业江阴南菁书院，见院中藏书甚富……』推测光绪十七年丁福保从其兄寄宿南菁，光绪二十一年始成南菁正式生员。

以周与唐文治论《易》学，示以稿本《周易故训订》。民国十一年唐文治刻《十三经读本·周易故训订》前附唐文治跋：『呜呼。此吾师定海黄先生所著《周易故训订》及《注疏剩本》，盖皆未成之书也。先生承家学，最精于《易》，口讲指画，孜孜不倦，尝著《十翼后录》八十卷，都数十册，裒然成大观。文治偶叚读一二日，辄索去，以为未定之论也。光绪戊子夏，文治与先生论《易》学，详晰汉宋义例，先生欣然出此二卷曰：「此余未成之书也，子宜秘之。惟读此，则于《易》例得过半矣。」文治读之，如获拱璧，亟抄成之。嗣后宦京师，值庚子（光绪二十六年。引注。）之乱，辗转迁徙，常携以自随，弗敢失坠。壬戌（民国十一年。引注。）主讲无锡国学专修馆，并受施君省之之托，刻《十三经读本》，同学陈君善馀（陈庆年。引注。）以书来曰，子有志刻先生之书，《周易故训订》为学《易》津梁，盍附刻于《易经》后，文治闻之憬然，爰属馆生嘉兴唐兰详加校正，授之梓人。嗟夫，曩之不以此书示人者，因先生有宜秘之言，弗敢忘师训也，兹者距先生之殁二十馀年，此书既出后，有学者能踵而成之，固先生之志也。伏案，《故训订》仅成上经一卷，注疏仅成乾、坤、屯三卦，并附《重卦卦变图》，然《易》理备于乾、坤二卦，学者循是以求，自可悟读《易》之法矣。追惟先生毕生精力在《易》《礼》二书，《礼书通故》已风行海内，而《十翼后录》闻尚藏诸家，倘得有力者汇而刊之，是盖吾党所祷祀以求者也。受业唐文治谨跋。』文治本年曾参与《续清经解》校勘工作，其在南菁就读至本年止。明年为应礼部试馆客于北京，至光绪十八年始成进士。

本年　以周名著《礼书通故》于南菁讲舍开雕。《礼书通故》光绪十九年刊本牌记题『光绪癸巳孟夏黄氏试馆刊成』。书前附以周子黄家辚、黄家骧《礼书通故校文》：『《礼书通故》之刊，始戊子，终癸巳。（光绪十九年。引注。）凡六易寒暑而成……刻之南菁讲舍。』推测此书系以周雇佣南菁书院刻工刻之，所谓『黄氏试馆』或指以周在南菁书院宿舍。光绪十八年刊《军礼司马法考征》亦署『黄氏试馆』。

约于本年，俞樾应以周请，为审读《礼书通故》，并序。俞樾《礼书通故序》（光绪十九年黄氏试馆刊《礼书通故》前附）：以周『曾以所撰《礼书通故》数册示余。余不自揣，小有献替。至今岁又以数巨编来，则褎然成书。又得见其十之六七。而余精力衰颓，学问荒废，流览是书，有「望洋向若而叹」而已。承不鄙弃，问序于余，余何足序此书哉。惟礼家聚讼，自古难之。君为此书，不墨守一家之学，综贯群经，博采众论，实事求是，惟善是从……至其宏纲巨目，凡四十有九。洵足究天人之奥，通古今之宜。视秦氏《五礼通考》博或不及，精则过之。』

本年，《皇清经解续编》于南菁书院刊竣。其中收录以周《礼说略》三卷、列第二百二种，卷千四百十六之卷千四百十八。《经说略》二卷。列第二百三种，卷千四百十九之卷千四百二十。

本年以周与缪荃孙识。缪荃孙本年四十五岁。缪荃孙《黄以周墓志铭》：『荃孙戊子在南菁，与先生接席者两年，冲如县如，粹然儒者，时时请益，反复详告，不惮烦也。』又据缪荃孙《艺风老人年谱》，本年缪氏扶已故继母薛氏、庄氏两柩由海道回江阴申港镇故里，『九月杨蓉浦师（杨颐。引注。）督学江苏，招至邑城，（指江阴。引注。）命主讲南菁书院。书院延两院长，黄元同以周先生专课经学，荃孙分课词章。诸生正额八十八人，附额不计数。』本年十二月缪应张之洞招至广州，住广雅书局东校书处。

以周以所藏《遗爱录》赠与缪荃孙付梓。《遗爱录》系纪录康熙间定海知县、缪荃孙伯祖缪燧事迹书。《光绪定海厅志·名宦》有缪燧传，称其康熙三十四年来任，康熙五十五年三月卒于县署，并引《遗爱录》中语称缪燧『政绩不可胜记』。黄以周《重刻缪公遗爱录叙》（《儆季文抄》卷二第二十六页）：『黄灏者，以周之高伯祖也。董理其事（指协助缪燧创办县学事。引注。）者，有曰兴标，于以周为族祖；有讳曰兴梧，以周之先大父也。缪公之昆孙小珊太史，缪荃孙，为缪燧兄之孙。引注。以周耳其名甚久，初不相识。戊子秋丁忧在籍，与以周同主南菁讲席，心甚契。谓之曰：「……我二人上修六世之好，实为美谈。世有阳秋，当大书而特书之。」太史未见《遗爱录》，不知所云，因缮是书以遗之。太史欣然付诸梓。』《光绪定海厅志·人物》有黄灏传：『黄灏初名正位，紫微人……康熙初遭遣徙。以家学授徒于杭州。展复初，灏即游庠……知县缪燧稔其才，凡所兴建，必与商计。时土著不敷学额，燧创认垦入籍之法。俾他县士子咸来占籍，而濒海之地，垦田必先筑堤，以工役估计之而有佣值。灏与杨汉昭等议，以各家子弟就役，移其值为兴学之资。知县从其言……知县缪燧卒，吁祀名宦，事详《遗爱录》，皆灏为首倡云。』《民国定海县志》抄录此段后称『于是定海始有学云。』

经浙江学政瞿鸿禨保荐，恩赐以周内阁中书衔。《清史列传·黄式三》：『光绪十四年，以学政瞿鸿禨保荐，赐（以周）内阁中书衔。』《清代七百名人传·黄以周》采此说。洪焕椿《定海黄元同生平及其著作》（载浙江省通志馆编《浙江省通志馆馆刊》1945 年创刊号）亦称光绪十四年黄以周因瞿鸿禨荐，加内阁中书衔。而缪荃孙《黄以周墓志铭》称瞿鸿禨保荐黄以周中书衔在辛卯（光绪十七年），误。光绪十七年瞿已不在浙江学政任。另据以周自记：『光绪十六年，敕封（式三。引注。）征仕郎、内阁中书。』此所封，当因以周获授内阁中书衔。

黄式三《儆居集》续刊本本年刻竣。

光绪十五年　己丑　1889　黄以周先生六十二岁

以周在南菁书院主讲。

十一月　二十九日，以周为《南菁讲舍文集》作序。本年刊《南菁讲舍文集》前附黄以周序：『黄漱兰（黄体芳。引注。）侍郎……创建南菁……嗣是任者，长沙王益吾祭酒，（王先谦。引注。）续编《学海堂经解》，（即《续皇清经解》。引注。）锓版庋阁。茂名杨蓉圃太常（杨颐。引注。）又复增广学舍，一时好学之士济济前来。以周主讲此席，于今六年。前我主讲者，有张广文啸山，（张文虎。引注。）已作古人。同我主讲者有缪太史小山，（缪荃孙。引注。）相约选刻文集。因沓辑课作，简其深训诂、精考据、明义理之作，得若干篇。诗赋杂作，缪太史鉴定之。凡文之不关经传子史者，黜不庸；论之不关世道人心者，黜不庸；好以新奇之说、苛刻之见自炫，而有乖经史本文事实者，黜不庸……今选刻是编，约之又约，不敢滥取……光绪十五年冬至日。定海黄以周。』

光绪十六年　庚寅　1890　黄以周先生六十三岁

以周在南菁书院主讲。

学政潘衍桐保荐以周升用教授，旋补处州府教授，未就。《清史列传·黄式三》：「十六年，复以学政潘衍桐保荐，奉旨升用教授，旋补处州府教授。」洪焕椿《定海黄以周的经学著作》：「十六年，又以潘衍桐奏保，升用教授，补处州府学而未就。」缪荃孙《黄以周墓志铭》：「学政潘学士衍桐……保以教授升用，旋选处州府教授。而年已七十，（误。引注。）礼宜致仕，遂不就。」

章炳麟 本年二十三岁。在诂经精舍从俞樾学，数谒以周。章炳麟《黄先生传》：「余少时从本师德清俞君（俞樾。引注。）游，亦数谒先生。先师任自然，而先生严重经术，亦各从其性也。」

本年浙江书局刊《黄帝内经素问集注》，以周阅后作《黄帝内经素问重校正叙》。载《儆季文抄》卷二。前此以周曾主持校勘浙江书局本《二十二子》中之《黄帝内经素问》，故此文末以周自注：「前在书局校刊是书未善。」后此以周又著有《黄帝内经九卷集注叙》，载《儆季文抄》卷二。以周又从日本书商重价购回《黄帝内经太素》残卷抄本，从中辑出隋杨上善所注《黄帝内经明堂》一卷。此事确切时间待考，姑系于此。《儆季文抄》卷二黄以周《黄帝内经明堂叙》：「隋杨上善有《黄帝内经明堂注》，其书与《太素》并行。《太素》合《素问》及九卷为之盛行于宋，林亿有校本。《名堂注》先《太素》而亡。余购《太素》于日本书贾，以所售本非足卷，乃以杨注《名堂》一卷混厕其中，余得之甚喜。」以周又撰有《旧抄太素经校本叙》，载《儆季文抄》卷二：「《太素》三十卷，缺七卷。其经刺取《素问》《灵枢》，（指《黄帝内经素问》九卷及《黄帝内经灵枢》九卷。引注。）则隋……杨上善奉敕所撰也……今不可得见矣。余闻日本有抄本，以重价购之……』光绪二十三年通隐堂刊《黄帝内经太素》附袁昶《旧抄太素经校本叙识语》：『右（指以周《旧抄太素经校本叙》。引注。）友人定海黄元同山长校正《太素》后叙，其校正本惜道远无由致之以证补。』所谓『其校正本』未见。浙江书局刊有《补注黄帝内经素问》二十四卷、《素问》遗篇一卷、《灵枢》十二卷，为《二十二子全书》之一种，初版牌记题『光绪三年浙江书局据明武陵顾氏影宋嘉佑本刻』。光绪二十七年浙局又据其重修再版。本年，浙局又刊有张志聪集注《黄帝内经素问》九卷，书名页题《黄帝内经素问集注》。馀见本谱光绪二十三年引袁昶文及谱后《黄氏父子著作目·儆季文抄》。

本年　敕封已故式三为征仕郎、内阁中书。以周《先考明经公言行略》。

光绪十七年　辛卯　1891　黄以周先生六十四岁

以周在南菁书院主讲。

撰《军礼司马法考征》毕。明年刊竣。

春　以周与陈氏赏石雕寿星而谐谑之，作《黄石公记》。黄以周《儆季文抄》卷三《黄石公记》：『光绪十二年秋，余购寿星及烛具归……寿星裾衣之色若其面，黄如蜡，余呼之为「黄石公」，乃以墨染黄石公之髯。一存其质，不染。遂呼其染者曰长公，其不染者曰次公。长公右杖，次公左杖，日夜并立几上，于今五年矣……余亦行将杖矣，然执杖之法，或左或右，经无现文。曾使丹徒陈生（指陈庆年。引注。）考之……夫礼以体人心，右杖得其力，左则弱，余其为「长公」乎？陈姬侍旁而笑曰：「妾不知古礼，求即乎心而安斯已矣。两寿星一右杖，一左杖，取相向也。迟妾二十年得杖。杖君以父道，杖右。妾请左手持杖，右手扶君。于《诗》有训：右之者，有之也；左之者，宜之也。若两相右，其两相左乎？」余仰而思，俯而顾，曰：「尔亦闻道……」』其中『迟妾二十年得杖』之『杖』为双关语，意为陈氏二十年前得以周为『丈』，二十年后以周得『杖』。继云『杖君以父道，杖右』，与后『妾请……右手扶君』义合。

七月 约本月，浙江学政潘衍桐招以周、谭献等饮于杭州约园。黄以周《儆季文抄》卷六《约园记》：『辛卯，潘学使（潘衍桐，光绪十四年任浙江学政，本年任满。引注。）招谭献、孙德祖、高骖麟及以周饮于约园。见「慈云」、「恩晖」（皆旧日园中亭阁匾额。引注。）已易新额，录此（指光绪八年为张大昌《约园图》所撰题记。见本谱是年。引注。）以存旧贯云。』后引以周《儆孙媭艺轩诸书题辞》有『秋七月，予回武林』句，推测聚会即在其时。

十二月 三日，以周往谭献处晤谈小学事。谭献《复堂日记》卷八辛卯年：『黄元同来谈六书转注假借，殊有真见。元同著《礼经通诂》五十卷，论六书以证保氏之职。』核于《复堂日记·补录》，知所记为十二月初三日事。

六日，以周子黄家岱以三十八岁卒。黄以周《儆孙媭艺轩诸书题辞》：『辛卯六月，予抱病于南菁讲舍，又以乡试将至，遗书让之（黄家岱。引注。）曰：「予迩来头眩足辟，精神日衰，不久将就木。尔辈不为家贫亲老计，奋志用功，予身后事付之何人之手？」书至，（黄家岱）读而纳诸怀，又时出书，对以泣，予初不知其忧之轻也。秋七月，予回武林，（杭州。引注。）儿亦来省应试，奉参耆以饮，予精力顿加，予自幸之。而儿以迭应乡举、优贡两试，力不支，遂得病归，呕血，延至十二月初六日遽卒。

时年三十有八。里党闻之，咸为之悼伤出涕。』

光绪十八年　壬辰　1892　黄以周先生六十五岁

以周在南菁书院主讲。

一月　二十一日，往晤谭献。谭献《复堂日记·续录》本日：『黄元同来谈。丧子后，老怀不堪，相对太息。』家岱病逝对以周打击甚大。本年以周有《与沈九箫书》载《儆季文抄》卷三，略云：『去冬斫丧次子家岱，断我读书种子。志气日颓，目力日耗，复何能读异书。承示马君干伯《汉书表注》诸书，不能细阅，今解馆南旋，奉还原书。』

四月　《军礼司马法考征》刊竣于南菁书院，以周作记。光绪十八年四月黄氏试馆刊《军礼司马法考征》附以周后记：『初，顾千里（顾广圻。引注。）为孙伯渊（孙星衍。引注。）书《司马兵法》五篇，笔势遒劲，豁人心目。辛卯（去年。引注。）春，予作《军礼司马法考征》成，次儿家岱仿率意更缮写是书，甫及半，应乡贡试，得病归，呕血，延至十二月初遽殁。意欲待诸儿能书者续之，而朋侪好是书，多怂恿付梓人写以锓版。没亡儿意刊成，自悔有余痛焉。壬辰夏志。』

本年　黄家岱遗著《嬹艺轩杂著》于南菁书院刊竣。

白作霖本年从以周受经学。白作霖《质庵集》跋：『右壬辰讫丙申（光绪十八至二十二年。引注。）经说三十五首，乃定海黄先生讲舍月课之作。其杂文及辞赋，间有为慈溪林先生（林颐山。引注。）所课者，别为下卷。要皆经黄先生阅定者也。忆自辛卯（去年。引注。）春肄业南菁，明岁住院，始从黄先生受经学。先生教以治经从《毛诗》入，于是日为札记若干条，积三年得十数巨册，今犹庋藏讲舍中。』此文载光绪二十四年铅排本《质庵集》前附。约作于光绪二十四年，后称：『嗣是更为《三礼郑注释例》，经始于乙未（光绪二十一年。引注。）二月，讫丙申（光绪二十二年。引注。）冬，仅成两卷……丁丙（光绪二十三年。引注。）春仲，乃更入上海南洋公学，校课勘暇，势不能复理旧业……爰将已成初稿并前此在讲舍时所为文百有馀首，写寄澄江，求师一言，以为评定。』

光绪十九年 癸巳 1893 黄以周先生六十六岁

春 以周在南菁书院主讲。

以周重订旧作《礼说略》，成《礼说》六卷。黄以周《儆季杂著·礼说一》前附《序》：『前编旧稿，削存十五。长沙王祭酒（王先谦。引注。）刊《经解》，采入《续编》。（指《礼说略》采入《皇清经解续编》。引注。）中语与《礼书通故》同者，皆旧作也。今复复位，删五篇，入四篇，增卅四篇，皆补《礼书通故》所未备，凡七十六篇。癸巳春识。』《礼说略》为初稿，四十四篇。后增编为《礼说》七十五篇，而删去《礼说略》所收《五门》《九拜》《立马从马》《六尊》《冕弁服》《慈母服》六篇。《礼说略》另有南菁书院刊单行本。未见。

以周又重订《经说略》成《群经说》四卷，夏刊竣。黄以周《群经说》（《定海黄氏所著书》第十六册）前附识语：『初余治《易》，有《十翼后录》。《书》《诗》《春秋》内外传《论语》《孟子》《尔雅》未有成书，而有《读书小记》。前编文之成篇者若干篇，（指《经说略》。引注。）王祭酒采入《经解续编》中。今复复位，出四篇，增二十三篇，凡六十四篇。癸巳春识。』

以周名著《礼书通故》刊竣。光绪十九年黄氏试馆刊本《礼书通故》前附黄家鶖、黄家骥《礼书通故校文》：『《礼书通故》之刊成，一时士大夫各以先睹为快，踵门索书者络绎不绝，遂急遽刷印，以应当世。忆初刊是书，曾蒙同门诸君子协力襄校，雅号精致。而校书如扫落叶，终难尽诤。家大人又命家鶖、家骥一同再校。乃检原稿本、初印本、重修本、后定本互相雠对，得一百八十馀条，遂排比前后，刻之南菁讲舍，以省诸君子过写之劳。鶖辈自揣识粗学浅，遗漏必多，还望诸君子惠我玉音，匡以不逮云尔。家鶖、家骥谨记。』章炳麟《黄先生传》：『先生尤邃《三礼》。自孙炎类礼以来，（孙炎，三国魏经学家，《唐书》称其改旧本《类礼义疏》，以类相比。引注。）学者区别科条，旧矣。清世得大体者，有惠士奇《礼说》，金榜《礼笺》，金鹗《求古录》，陈立《白虎通义疏证》，然弗能条件分别。《礼说》尤散杂无部曲。凌廷堪《礼经释例》比考周密，又局于《士礼》一端。先生为《礼书通故》百卷，列五十目，囊括大典，揉比众甫，本支致备，无尨不班，盖与杜氏《通典》比隆，其校核异义过之，诸先儒不谀之义尽明之矣。尝又辑《军礼司马法》二卷。而论田制，取北朝均田为准。校定周尺，谓当今八寸一分，不如是，车不足容三人。均田制盖先生所欲施行。要其根极，以治礼为主。尝曰：「挽汉宋之末流者，其为礼学耶。文章非礼则淫哇，政事非礼则杂霸，义理非礼则虚无。礼学废，故乱而民荡。」初宋世四明之学，杂采朱、陆。近世万斯同、全祖望学始端重，至先生益醇，躬法吕、朱，亦不委蛇也。尤不喜陆、王，以执一端为贼道。平生不为流俗文辞，诸华士皆谓先生不文，先生亦自逡然。其说经陈事，象物闳肃，超出钱大昕、阮元诸儒上远甚……先生之作，莫大乎《礼书通故》。』虞铭新《黄元同先生别传》：『其

《礼书通故》一百卷最后成，语人曰：「读是书，可以知《礼》书之异矣，而未知其同。吾将就其同者而论列之。」未就而卒。论者谓，经学莫盛于有清，而先生其集大成者也。』据此可知，以周计划就礼书结撰两种，《礼书通故》仅其一，专为总结历史上释礼诸家不一致者。其二为总结诸家释礼无异议者，惜未成。《礼书通故》刊本诸卷后均列有校勘者名，此为浙江书局刻书惯例。特不烦将诸校勘者名附列于后，以其有关以周子孙、弟子姓氏考征：

卷一	受业慈溪冯一梅初校	子家辰复校	丹阳孔景泰、洪竹亭缮刻
卷二之一	受业太仓唐文治初校	子家岱复校	
卷二之二	受业阳湖赵椿年初校	子家鶱复校	
卷三之一	受业江阴冯铭初校	子家骥复校	
卷三之二	受业江阴冯铭初校	子家縠复校	
卷三之三	受业江阴章际治	子家璵同校	
卷三之四	受业江阴沙从心	孙次甲同校	
卷四	受业镇海郑钰	孙次乙同校	
卷五	受业镇海郑钰	孙次丙同校	
卷六	受业娄县张锡恭	婿镇海张惠澍同校	
卷七	侄孙镇海梅鼎恩	孙次玎同校	
卷八一	受业镇海梅鼎恩	同校 （第二校者名原阙。后同。引注。）	
卷九之一	受业金坛林之琪	受业镇海梅鼎恩同校	
卷九之二	受业镇海梅鼎恩	从子家楁同校	

卷九之三　受业镇海梅鼎恩　从子家桥同校

卷九之四　受业江阴章元治　从子炳焕同校

卷九之五　受业泰州卢求古　同校

卷十之一　受业丹徒陈庆年　同校

卷十之二　受业江阴章际治　从子炳焕同校

卷十之三　受业江阴冯铭　从子炳焕同校

卷十之四　婿镇海张惠澍　从子炳焕同校

卷十之五　受业海宁许克勤　外孙镇海张　同校（外孙名原阙。引注。）

卷十一之一　受业泰州卢求古　受业泰兴何允彝同校

卷十一之二　受业丹阳王英冕　从子家椅同校

卷十一之三　受业慈溪林颐山　从子家桥同校

卷十二之一　受业静海李安　受业静海崔朝庆同校

卷十二之二　（校者名原阙。后同。引注。）

卷十三

卷十四之一　受业常熟孙同康　孙次戊同校

卷十四之二　受业吴县曹元忠　孙次纪同校

卷十五　受业江阴张之纯　受业江阴钱荣国同校

卷十六之一　受业江阴吴聘珍　鄞族安舒同校

卷十六之二　鄞族家来　从子家光同校

卷十七之一

卷十七之二　受业阳湖谢恩灏　子家岱同校
卷十七之三　受业昭文孙同康　子家岱同校
卷十七之四　受业通州孙儆　子家岱同校
卷十七之五　受业通州孙儆　子家岱同校
卷十七之六　受业通州顾鸿闿　子家岱同校
卷十八　受业上海钮永建　子家鷟同校
卷十九　受业阳湖吴朓　子家辰同校
卷二十　受业上海钮永建　子家鷟同校
卷二十一　侄孙镇海梅鼎恩　同校
卷二十二之一　受业海宁许克勤　同校
卷二十二之二　受业元和胡玉缙　子家骥同校
卷二十三　受业金坛林之琪　同校
卷二十四　受业吴县曹元忠　从子炳焕同校
卷二十五之一　受业通州顾鸿闿　子家岱同校
卷二十五之二　受业江阴冯铭　子家辰同校
卷二十五之三　受业昭文孙同康　子家鷟同校
卷二十五之四　受业通州孙儆　子家骥同校
卷二十五之五　受业吴县王仁俊　子家穀同校
卷二十六　受业通州孙儆　子家璵同校
卷二十七　受业通州孙儆　子家辰同校

卷二十八之一	受业昭文孙同康	子家鶱同校
卷二十八之二	受业无锡范驫	子家驥同校
卷二十九之一	受业泰兴何允彝	子家辰同校
卷二十九之二	受业上海钮永建	子家璵同校
卷三十	受业上海钮永建	孙次甲同校
卷三十一之一	受业阳湖吴朓	孙次乙同校
卷三十一之二	受业铜山王聿脩	孙次丙同校
卷三十二之一	受业无锡范驫	孙次玎同校
卷三十二之二	受业通州白作霖	孙次玎同校
卷三十三	受业昭文孙同康	孙次纪同校
卷三十四之一	受业清河严通	子家辰同校
卷三十四之二	受业无锡范驫	子家鶱同校
卷三十四之三	受业丹阳王英冕	子家驥同校
卷三十四之四	受业通州顾鸿闿	子家縠同校
卷三十四之五	江阴高宗岱	子家璵同校
卷三十五	受业新阳汪开祉	孙次甲同校
卷三十六	受业阳湖吴朓	孙次乙同校
卷三十七	族德昭	孙次丙同校
卷三十八	受业无锡范驫	孙次玎同校
卷三十九	受业无锡范驫	孙次戊同校

卷四十之一　受业江阴冯铭　孙次戊同校
卷四十之二　受业通州孙儆　孙次庚同校
卷四十一　受业无锡唐浩镇　孙次甲同校
卷四十二　受业无锡唐浩镇　孙次乙同校
卷四十三之一　受业通州王兆芳　孙次丙同校
卷四十三之二　受业通州孙儆　孙次玎同校
卷四十三之三　受业通州王兆芳　孙次纪同校
卷四十四之一　江阴高宗岱　孙次纪同校
卷四十四之二　受业通州孙儆　孙次庚同校
卷四十五　受业江阴冯铭　孙次丙同校
卷四十六之一　受业无锡唐浩镇　孙次甲同校
卷四十六之二　婿镇海张惠澍　孙次乙同校
卷四十七之一　婿镇海张惠澍　子家鶩同校
卷四十七之二　受业无锡范灥　子家鶩同校
卷四十七之三　受业无锡范灥　子家鶩同校
卷四十七之四　受业通州顾鸿阊　子家鶩同校
卷四十七之五　受业通州顾鸿阊　子家鶩同校
卷四十八　子家鶩书　子家骥校
卷四十九　子家鶩绘并书　子家骥、家穀校
卷五十　受业江阴冯铭　子家辰同校

又，光绪二十一年刊黄以周《经训比义》前附《同门校刊姓名》并记于此：『通州顾鸿闿泽轩、孙儆敬臣、王兆芳漱六、达李继聃、达乎尹旁、白作霖振民、徐安仁樵孙、邢启云曼卿、徐洪度又生、泰兴丁蓬山宝生、张之彦籽岩、于文华实秋、静海崔朝庆聘臣、金坛林之祺晋安、丹徒陈庆年善余、张济川仲劬、丹阳林亮工仲钦、溧阳陈公溥剑泉、江阴王家枚吉臣、吴聘珍达璋、缪楷啸仙、杨世芬绳武、金匮华彦钰湘卿、上海赵世修韵臣、江都王汝诚伯铭、定海王亨彦雅三。』

本年　《儆季杂著》开刻。

光绪二十年　甲午　1894　黄以周先生六十七岁

在南菁书院主讲。

六月　妾陈氏卒于南菁书院。陈庆年《黄氏庶母陈孺人传》：『光绪二十年六月，遽终于南菁书院，年三十有一。生子三，家骥外，家穀、家璵俱幼，女一，亦未字。』陈氏本年当为四十一岁。本谱同治十二年已辨。

十月　九日，致陈庆年信。陈庆年《横山乡人类稿》卷九《黄家岱传》后附黄以周致陈庆年信全文：『善徐（陈庆年字。引注。）仁弟大人经席：顷接来书，恍如面晤。愚自近年以来，家多死亡，满目可惨，须发如雪，老惫莫言。所刻《礼书通故》讹字尚多，近校及半，几及百字。现刻杂著二十卷，日内可以告竣。为欲与亡儿镇青　黄家岱。引注。书并出，姑俟明年春二月刷印。镇青不禄，所著书都不成，今刻其《尚书讲义》及《杂著文》两种，约六七十篇之则，明年刊竣奉寄，还希择其说之纯者为之作传。所谓生死骨肉者，吾甚有望于仁弟也。杭生（黄家骧，以周四子。本年约二十二岁。引注。）之母（指陈氏。引注。）出自小家，自其子读《礼记》后，遂知为之之道。平时奉事我，有举案齐眉之风。目仅识数字，而杭生有不好，辄能举经中语以为戒。今而后无内助之人矣。此复。顺颂近祉。不既。愚兄黄以周再拜。甲午十月初九日。』此信及明年条所引以周致陈庆年两信均为《儆季杂著》未收。

冬 以周作《南菁文抄二集序》。光绪二十年南菁书院刊《南菁文抄二集》前附黄以周序：『以周主讲此席（指南菁书院讲席。引注。）十二年矣。少承家学，述有著言，抗礼滋惭，拥经负疚。曩者己丑（光绪十五年。引注。）之岁，辑及门诸子之作……今距前刻又五载矣……光绪二十年岁次甲午冬至日。定海黄以周。』

本年 瑞安孙诒让校读《礼书通故》并笺正。孙延钊《孙衣言孙诒让父子年谱》本年引孙孟晋《孙逊学公年谱》：『秋冬之间，诒让阅黄以周《礼书通故》五十卷，细校一过，凡笺正三百数十条，朱墨笔并见于书眉。』

光绪二十一年 乙未 1895 黄以周先生六十八岁

七月 以周刊子黄家岱著《尚书讲义》于南菁书院。黄以周《儆孙嬹艺轩诸书题辞》：『吾儿……所著书皆残种，未卒业。《小戴记后笺》终于「王制」，《周易解》若干篇，《儆孙杂著》若干篇，时有特见可传。孤子次玎年未及朞，予恐其父之著述日久散失，爰什袭以诒之。越四年，又择其讲义、杂著之纯者先付梓，以附予集之后。时在光绪二十一年乙未七月既望也。』

南菁书院诸弟子集资为刊以周早年书稿《经训比义》。见本年后引以周撰是书《弁言》。

八月

《儆季杂著》刊竣。谭献《复堂日记·续录》本年九月一日：“丁秉衡札至，送阅元同新刻文集，征实之篇为多。元同不负当代经师之目。予终愧泛滥，无所成就，让老友以专门。”所谓“新刻文集”即指《儆季杂著》，推测于八月刊竣。

四日，致陈庆年信，请撰陈氏及黄家岱两家传。《黄以周致陈庆年信》：“善余仁棣大人经席。迭接来书，屡不作答，一则年老懒于笔墨，二则自去冬以来日发寒热，一潮肌肤，消尽精神，惫极。执笔未及一刻，手臂酸麻，一切友朋之信，概置不答。有关切要事，口授数语，令杭生（黄家骥。引注。）代书之，愚之衰惫一至于此。《儆季杂著》早可刷印，亦为病故，拖延至今。装成一部，奉送执事。且请为我做家传两篇，一、陈孺人家传，别有事实附后。一、二儿镇青，事迹略具《尚书讲义》首题辞，学术略见《娴艺录》中，望早赐传，可补刻入题辞后。（所见《尚书讲义》书中并无陈撰黄家岱家传。引注。）且愚病如此，不久将就木，时以一见为幸。专此布答。顺请近祉。不既。愚兄黄以周顿首。乙未八月四日。”此信附载于陈庆年《横山乡人类稿》卷九《黄氏庶母陈孺人传》后。

九月

二十五日，再致陈庆年信，言及三种未竟稿本。信云：“善余仁棣大人经席。昨二十四日接到尊翰，并读鸿文两篇，（当指《黄氏庶母陈孺人传》和《黄家岱传》，两文俱收入陈庆年《横山乡人类稿》。引注。）俾我亡室亡儿遂得传于后世，不朽于泉壤，感戴无既。迩时朋侪能细读我书者，曾无几人，又于几人中求其文章尔雅者，更难其选，我之日后志传，非藉大笔，恐亦黯然无光也。愚之病虽较前少愈，然精神未复，寒热犹时窃作。五福不可祈，六极已遭其半，时命既蹇，辄遇恶人，明年南菁馆地，几为宵小所误，晋安（以周弟子金坛林之祺。引注。）已知其详，想早为弟告也。愚病重时自誓，斯后补养精神，不复作书。今病少间，见旧辑注《世本》及《子思子》及《内经素问稿本》俱未成书，弃而置之，心殊不快，欲续补之，精力又不逮，意欲取《子思子》先辑注之，复自笑前誓之虚也。顺请近祉。不戬。愚兄以周顿首。乙未九月二十五日。』此信附载于陈庆年《横山乡人类稿》卷九《黄氏庶母陈孺人传》后。

十一月　以周撰《经训比义弁言》。《定海黄氏所著书》第二十册黄以周《经训比义》前附自序：『昔阮文达（阮元。引注。）病儒先之高谈多经外之支辞，作《性命古训》以挽其流弊。以周幼嗜斯书，长而有作，广为二十四目，勒成三卷……秘藏家塾垂四十年，南菁讲舍诸生闻有是书，屡进索观。不与，遂以我为隐，乃出而视之曰：「是书之作，条析字义。而读陈北溪书（指南宋陈淳《北溪字义》。引注。）者，将谓我违异师说；读东原《疏证》（指戴震《孟子字义疏证》。引注。）者，将谓我调停宋儒。大道多歧，孰能是正？辑旧闻，自求印证而已。」……请早付梓，以公同好，怂恿再四，予频却之。比抵分水任，通州顾泽轩鸿闿、孙敬臣儆、静海崔聘臣朝庆、金坛林晋安之祺、江阴王吉臣家枚暨定海王雅三亨彦等，遂自集资校刊是书。予回讲舍瞿然曰：「噫。滋予愧矣。诸生家各寒素，为好乐是书，自任刊资，予心既有所不安。」……光绪二十一年仲冬黄以周自题。』文中所列诸生，前已略有考述。王亨彦，《民国定海县志·艺文志》曾提及：『《定海厅志校补》三卷，民国九年邑人王亨彦撰。亨彦字雅三，精考据之学，为黄氏再传弟子。预于九年修志之役。以志例主张不同，遂谢归。别撰是书，校光绪志之讹脱而补其遗漏……未刊。」

光绪二十二年 丙申 1896 黄以周先生六十九岁

三月二十三日，以周《经训比义》付刊，自序之。《经训比义》自序：『右书刊即成。或问「比义」之名奚所取？曰：比之言，次也，合也。义之言，仪也，度也……光绪丙申立夏日自序。」

七月 以周《子思子辑解》七卷编竣，自序。《定海黄氏所著书》第二十二册前附黄以周《子思子辑解序》：『近时辑子书者以严铁桥、（严可均。引注。）马竹吾（马国翰。引注。）书为巨观，而皆不及《子思子》，非六合之内大憾欤？初以周辑《意林逸子》四十四种，内有是书，所辑皆古人引《子思子》语。其单书子思者，别见于后。《孔丛子》所载，不滥及焉。近染寒疾，已逾一载，时思旧辑疏漏，宜重董正而精力不逮。爰命南菁讲舍诸生广为搜罗，复得若干，乃加注焉。而寒热时发，功有作辍，凡四阅月而后蒇事……都为七卷。时襄辑逸文者，顾鸿阊、曹元忠、胡玉缙、蒋元庆、达李、林之祺之功为多云。岁在柔兆涒滩相月黄以周哉生识。」《清史列传·黄式三》：以周『晚以子思承孔圣以启孟子，著《子思子辑解》七卷，举子思所述夫子之教，必始诗书而终礼乐，及所明仁义为利之说，谓其为传授之大旨。书成，年六十九矣。」支伟成《清代朴学大师列传·定海黄氏父子传》多采章炳麟《黄先生传》，独文末称：『先生之书，虽莫大乎《礼书通故》，而实莫精乎《子思子辑解》焉。」

光绪二十三年 丁酉 1897 黄以周先生七十岁

八月　徐树铭任浙省乡试主考官，以周以故门生携《礼书通故》往杭州拜谒。

九月　徐树铭赴京师任左都御史，据《清代职官年表》，徐树铭九月任左都御使。以周有《答徐寿蘅先生书》。黄以周《定海黄氏所著书·儆季集外文》第十五篇《答徐寿蘅先生书》：『门生以周顿首。谨禀老师大人阁下。前月出闱以后，燕门下士，传及以周生，辞以疾，吾师许携杖入，不行拜礼，爱怜老门生如此，其挚且厚。而吾师承命入都，生又不能亲送江干，且惶且瀹，死罪死罪。吾师以《礼书通故》未及「朝践」名义，生举蔡氏「德晋」说以对。师据段氏玉裁以「践未行礼」之说为「胜」。生退而静思，还似从先后两郑注为安。蔡说固未当，段说亦未稳……略陈私见，吾师以为何若？』以周又有《答胡绥之书》，谈及辑校《意林》及《子思子》事。载《定海黄氏所著书·儆季集外文》第十五篇。

本月，以周致弟子白作霖信。白作霖时在上海南洋公学任教。黄以周《与白振民书》：『振民贤弟足下：江生还，得手书，具审旅祉安好，并知近日致力西文，兼从事于畴人格致之学，甚善甚善。以周前此「歧途」之喻，非欲贤屏弃一切，舍所学而从我也。以贤天资学力，超越侪辈，苟锲而不舍，必能卓然成家……《读诗札记》，（白著。引注。）已为选得数十条，拟将来刊入《续南菁丛书》中，未录副，原稿不能寄还……承问病体，精神衰茶，更不如前。在此（指南菁书院。引注。）于人无益，而于己有损。明年行将谢之而去耳。榜后倘获隽，私望能来一道契阔。卒复不具。并颂文安。愚兄以周顿首。丁酉九月初二日。』此信见于光绪二十四年铅排本白作霖《质庵集》前附。未收入《儆季文抄》及《儆季集外文》。《质庵集》明年刊竣。

十月 以周友袁昶将以周《黄帝内经明堂叙》等四文附刊于《渐西村舍汇刊》本《黄帝内经太素》。

袁昶（1846—1900）字重黎、爽秋，号于湖，浙江桐庐人。本年五十岁。早年肄业龙门书院，为俞樾弟子。光绪二年成进士，授户部主事，官至太常寺卿。其与以周交往待考。袁昶《旧抄太素经校本叙识语》：「右友人定海黄元同山长校正《太素》后《叙》，其校正本惜道远无由致之以证补。予所刊本，恐有违失处，姑录黄叙，刻入卷尾，俟觅得黄校本，别疏异同，作校勘记。」此识语载光绪二十三年通隐堂刊《黄帝内经太素》所附黄以周《旧抄太素经校本叙》后。通隐堂刊本《黄帝内经太素》一名《杨上善太素三十卷》，共收录以周文四篇：《旧抄太素经校本叙》《黄帝内经明堂叙》《黄帝内经九卷集注叙》《黄帝内经素问重校正叙》。民国十二年，以周此四文又被廖平收入《六译馆医学丛书》。

光绪二十四年 戊戌 1898 黄以周先生七十一岁

清廷命各省书院一律改为中西兼习之学堂。学使瞿鸿禨议改南菁书院为高等学堂。

《南菁书院大事记》：「二十四年，清政府力图改变，命各省书院一律改为中西兼习之学堂。学使瞿鸿禨以南菁虽在江阴，而入学肄业者乃全省人才所萃，奏请照省城书院例，改办高等学堂……未几政变，徒留学堂之名，而内容仍属书院之旧……」

年初 以周在南菁书院。课馀应定海族人请，为五修族谱，并作《定海五修族谱叙》。

黄以周《定海黄氏所著书·儆季集外文》第十九篇《定海五修族谱叙》：「今年戊戌，族之长老又议修谱，邀以周主其事，自揣年老多病，不能返故里讨论是非，乃属从子家桥邮寄丁卯谱传赞及今时所补续者，为之芟其俚俗，略加修饰……又命家桥裒集艺文，以存先人之著作……又仿鄞谱之例增簪缨表……时经纪其事，搜集其文者，惟家椅、家桥两昆季是赖。自幸衰病馀生，获睹斯谱之成……三十四世孙以周书于江阴南菁书院，时年七十有一。』

约本月，又为弟子王兆芳《才兹集》作序。黄以周《定海黄氏所著书·儆季集外文》第十八篇《才兹集序》：『王生漱六从予学有年，自定其文若干篇示予，读之，知多本予之绪论……予年逾七旬，精力日衰于前，学问无加于后。王生年既富，力又强，观书眼如月，察理心若镜，诚予之畏友也。自命其集曰「才兹」，以明枝叶初生……』

五月

三日，以周以年衰告别南菁书院，别前遗诸弟子一札，流露出对新式教育及西方科技的轻视。黄以周《定海黄氏所著书·儆季集外文》第十七篇《示诸生书》：『三代以上崇儒而尚农，农亦知道，得与士合矣。后世归利权于商，于是士而商者亦有之。近乃立西学之名，以与中学敌，且欲驱学校之人尽攻。夫西学又合士工为一途，以为此西人所专长，非吾中华所有，不学此无以自强，蔑能济世。夫独不闻「输攻墨守，迭尝其巧，弩发旝动，各用其机」？而士大夫终鄙其术，不相传习，其法浸湮。今乃拾前人之所鄙弃而以为美谈，又且自小其说以张彼教，是何见哉？夫中土士人文弱，必不能手执艺事如西人之不惮烦，即有知其法，亦能说不能行，曷若《大学》之教，三达德，五达道，率我性分所固有，事事可见诸实践，无烦援其所不及，强其所不知，如西学凿智斫性之为哉。《大学》之法，具在六经，能谨守其教而审行之，人才自出，国家可兴。如谓非西法不能靖世，岂中国数千年之天下皆泯棼之世邪？……测量为古六艺之一法，我尚有之。兵矿为今军国之大计，我尚游之。农桑则农家习之，营造则工家习之。专门名家，别有其人，我尚不欲。光热化电，多能鄙事，我惶多有之。一生之精神有限，百岁之年华易逝，孳孳从事于《大学》尚恐力有不逮，何遑分其志于小道哉？曲艺之士，出乡入学，并不与士齿。今以利禄所在，靡然宗之，不羞与之伍，且有求焉如不得，士习之卑鄙可耻，于今极矣。诸生幸一洗之。余主讲南菁十有五年，今老矣，将归明农。爰书此与诸生别。时在戊戌夏日至。年七十有一。』

以周辞书院职后，归隐于杭州半山下。半山地名今存，在杭州市北部拱墅区。缪荃孙《黄以周墓志铭》：『光绪戊戌，去江阴，归隐于仁和半山之下。』

光绪二十五年　己亥　1899　黄以周先生七十二岁

约本年，以周四子黄家骥卒。黄家骥本年约二十六岁。去世时间未详。以周自书院退休后仅一年即遽逝，或因又遭子丧，哀毁感伤之故。以周于诸子中，先爱家岱能世其学，不幸早殇。家骥出自爱妾陈氏，年甫二十，即参与以周著作校勘，当为以周又有所冀望者。何以悲痛之至于此。

十月　十七日，以周卒于杭州半山墓庐。《复堂日记·续录》本年十月二十六日：『雪渔、仲恕来，又知黄元同十七日逝于半山墓庐。酸心事相接而至。愿游九地，与老友同弃恶世，携手无何有之乡。』缪荃孙《黄以周墓志铭》：『卒于光绪己亥十月十七日，年七十有二。』

即葬杭州。居镇海诸子祈柩移葬镇海故里不得，仅以空柩归葬于镇海海晏乡黄家桥之东。缪荃孙《黄以周墓志铭》：『卜葬于海晏乡黄家桥之东。配梅孺人，妾陈氏。子六人。长家辰，附贡生。次家岱，优廪生，先殁。次家鸑，廪膳生。皆梅出。次家骥，先殁。次家毂。次家瑛。皆陈出。』虞铭新《黄元同先生别传》：『先生有子六人。其三人者（指家辰、家岱、家鸑。引注。）居海晏，梅氏出也。及先生殁，奔丧杭州，谋合葬，而杭家人坚不从，乃别鬻柩舁以归。今其葬于海晏之黄家桥者，空柩也。其弟子在海晏者，廑三人。有胡明高者，家贫力学，日读书不问家事。其妻告米罄，徙哆目顾读书如故。馈之食则食，不馈亦穷日不索。值夜雨屋漏，则以被覆群书，戴笠坐室中以读。或昧爽来吾家，与吾父谈所读书，常云昨夜未寝也。忽信步出，口喃喃而去。如是读十年卒，亦不著书。论曰：先生学著富当世矣，《清史·儒林》有传。缪荃孙、章炳麟复有文述其学。余与先生居相近，得闻其轶事，故著之。而又悲夫先生之学之不被其乡，不传其家也。先生既不得于其妻，其子之在海晏者，不获常受教。其在杭者曰杭生，（黄家骥。引注。）极颖异，肯继父业，而早卒。曰某，（黄家毂。引注。）曰某。（黄家瑛。引注。）先生殁时尚幼。而乡人或不得见先生，况问业乎？夫先生弟子遍天下，而独不与于其家吾乡者，宁非其夫人之咎哉？』

附 黄式三著作及版本

以下据国家图书馆电子检索系统、《中国丛书综录》、萧一山《清代学者生卒及著述表》（简称《萧表》）、洪焕椿《定海黄元同生平及其著作》（浙江省通志馆编《浙江省通志馆馆刊》1945年创刊号）和浙江人民出版社1983年版洪焕椿《浙江文献丛考·定海黄元同的经学著作》（并简称《洪文》）、诸家所撰黄氏父子传记以及笔者调阅国家图书馆和首都图书馆藏黄氏父子著作刊本著录。

一、**论语后案** 二十卷 版本：

a. 道光二十三年木活字本六册。版心下镌『鲁岐峰』，为缮刻者名。国家图书馆藏有李慈铭校阅本。《续修四库全书》据此版本影印。

b. 光绪九年浙江书局刊本十册。牌记题『光绪九年浙江书局刻』。后以此版编入《儆居遗书》。1966年台北艺文出版社《无求备斋论语集成》据此本影印。

二、**黄氏塾课** 三卷 一名《经外绪言》。版本：

同治二年刻本。后以此版本编入《儆居遗书》，又编入《定海黄氏所著书》。

三、**周季编略** 九卷 版本：

a. 同治十二年浙江书局刊本。题面杨昌浚题『儆居遗书之五周季编略』，牌记题『同治十有二年嘉平月上澣浙江书局刊』。前附黄式三画像，署『癸酉八月乌程后学费以群摹』。又附乌程施补华撰四言像赞一首，署『年家子乌程施补华谨撰』。又附谭献《黄先生家传》、施补华《黄先生别传》，《明经公从祀乡贤录》。后以此版本编入《儆居遗书》。2002 年上海古籍出版社《续修四库全书》据此版本影印。另据国图网站全国古籍善本目录导航系统记录（后简称『全国善本导航』），复旦大学图书馆藏此版本附有黄以周与口（记录原缺）声甫手札。又，中国科学院国家科学图书馆藏有抄本《周季编略》四册，索书号：史 100.1·4441。著录为咸丰九年稿本。经调阅，行间多批改圈划笔迹及版式术语，推测其为浙局雕版所据底本。其前附有同治七年批准黄式三入祀定海乡贤祠之全部批文抄件，时间与著录不符，或为后补。此批文抄件已刻入浙局刻本《周季编略》前附，经核对，抄本批文抄件最后一段，即『浙江布政使杨昌浚移文为移会事』以下，未刻入刻本。参见本谱同治七年。另，《洪文》：『定海黄荣爵 …… 又有质庭（黄以恭。引注。）……手抄薇香公《周季编略》四册。』

b. 重印本，印年不详。国图检索系统著录『断版较多。据清同治十二年浙江书局刻版重印。』

四、**春秋释** 四卷 又有一卷本 版本：

a. 四卷本。同治十二年浙江书局刊本。后以此版本编入《儆居遗书》，又编入《定海黄氏所著书》。

b. 一卷本，光绪十四年南菁书院刊《皇清经解续编》本。光绪十五年上海蜚英馆石印《皇清经解续编》本。

五、**儆居集** 十四卷 又有重编二十二卷本 版本：

a．光绪二年刊十四卷本。子目：1. 经说 四卷。2. 史说 一卷。卷末署『子以周刊』。3. 读通考 二卷。卷一末署『子以周刊』。4. 读子集 三卷。5. 儆居杂著 四卷。卷一末署『子以周刊』。所见此版本装订四册，书名页题『儆居内集』，版心下镌『儆居遗书』。前附刘灿、傅梦占道光二十八年冬撰叙。国家图书馆藏有此版本的李慈铭校阅本，钤『会稽李氏困学楼藏书印』。

b．光绪十四年南菁书院续刊二十二卷本。子目：1. 经说 五卷。卷五为新刻。《洪文》：『薇香公复以《诗传笺考》之未成，撰为《诗说》。《礼丛说》之未成，撰为《礼说》。并列于《经说》五卷中。』《萧表》称《诗传笺考二卷》未成。2. 史说 五卷。卷二至卷五为新刻。3. 读通考 二卷。北京图书馆出版社 2004 年版《九通拾补》据此版本影印。4. 读子集 四卷。卷四为新刻。5. 儆居杂著 六卷。卷三下、卷四下为新刻。按，《儆居杂著》标目实仍为四卷，所谓六卷，是将此光绪十四年新刻之卷三下、卷四下各计为一卷，合称六卷。而《光绪定海厅志》著录《儆居杂著》内集四卷外集四卷，《丛书综录》亦著录有《儆居杂著》外集四卷。未见外集。此光绪十四年南菁书院续刊二十二卷本《儆居集》为常见版本，仍用光绪二年十四卷本《儆居集》旧版刷印，新刻十卷分别插入旧版中，装订八册。卷首采入同治十二年浙江书局刊本《周季编略》前附黄式三画像。后以此版本编入《儆居遗书》。又编入《定海黄氏所著书》。

六、易释 四卷 版本：

a．黄以恭手校本。未见。据《洪文》：『定海黄荣爵……又有质庭（黄以恭。引注。）手校薇香公《易释》两册。』

b. 光绪十四年黄氏家塾刻本。牌记题『光绪戊子春黄氏家塾刊』。后以此版本编入《儆居遗书》，又编入《定海黄氏所著书》。1976年台北成文出版社版《无求备斋易经集成》，1989年台北新文丰出版公司及1994年上海书店两种《丛书集成续编》均采入，均据此版本影印。

c. 光绪年间编印《广雅书局丛书》（一名《广雅丛书》）本，列经类第二册。民国九年番禺徐氏重印《广雅丛书》本。

七、**尚书启蒙** 五卷 版本：

a. 稿本，未见。据《洪文》：『定海黄荣爵 …… 又有薇香公《尚书启蒙》原稿五卷。』

b. 光绪十四年黄氏家塾刻本。牌记题『光绪戊子夏五黄氏家塾开雕』。后以此版本编入《儆居遗书》，又编入《定海黄氏所著书》。

八、**音均部略** 四卷 版本：

天一阁文物保管所藏稿本，与《诗音谱略》一卷合订。《丛书综录》著录《儆居遗书》有此目。《萧表》称此书未刊。

九、**诗音谱略** 一卷 版本：

天一阁文物保管所藏稿本，与《音均部略》四卷合订，见存。

十、**翁州紫微庄墩头黄氏谱** 黄式三等修订 版本：

上海图书馆藏抄本。其前附叙末署『以病笔咸丰六年七月式三书后』，谱中所记族人事迹，最晚止于道光十八年，只268页黄以恭名下有一行『卒于光绪癸未年十二月廿四日亥时 ……』为道光十八年以后事，明显为后添笔迹。或可定为咸丰六年抄本。参见本谱咸丰六年。张嶲教授据以复制，分赠相关研究者。

十一、**炳烛录** 二卷　未见。《丛书综录》著录《儆居遗书》有此目。《萧表》称此书未刊。

十二、**郑君粹言** 一卷　一名《汉郑君粹言》。黄式三辑。未见。《丛书综录》著录《儆居遗书》有此目。《萧表》称此书未刊。参见本谱道光二十一、二十九年。

十三、**古体诗** 一卷　未见。《光绪定海厅志》有此目。

十四、**诗丛说** 一卷　未见。《萧表》有此目。

十五、**诗序说通** 一卷或二卷　未见。《光绪定海厅志》称此一卷。《萧表》称此『二卷，未成。』

附　常见《儆居遗书》六种　子目：

一、易释四卷。二、尚书启蒙五卷。三、春秋释四卷。四、周季编略九卷。五、儆居集二十二卷（子目：1. 经说五卷。2. 史说五卷。3. 读通考二卷。4. 读子集四卷。5. 杂著六卷）。六、黄氏塾课三卷。

附《丛书综录》著录《儆居遗书》子目：

一、易释四卷，光绪十四年定海黄氏家塾刊。二、尚书启蒙五卷，光绪十四年定海黄氏家塾刊。三、春秋释四卷。四、论语后案二十卷，光绪九年浙江书局刊。五、周季编略九卷，同治十二年浙江书局刊。六、儆居集二十二卷（子目：1. 经说五卷。2. 史说五卷。3. 读通考二卷。4. 读子集四卷。5. 杂著六卷。6. 外集四卷），光绪十四年刊。七、音均部略四卷。八、炳烛录二卷。九、黄氏塾课（一名《经外绪言》）

三卷。十、郑君粹言一卷，黄式三辑。十一、朱吕答问一卷。按，《丛书综录·儆居遗书》子目录有《音均部略》四卷、《炳烛录》二卷、《郑君粹言》一卷、《朱吕答问》一卷。其中《音均部略》四卷现存天一阁，已著录，馀均未见。疑《丛书综录·儆居遗书》子目有误。

附 首都图书馆藏《定海黄氏所著书》子目：

一、易释四卷，黄式三撰。列《定海黄氏所著书》第一册。二、尚书启蒙五卷，黄式三撰。第二、三册。三、春秋释四卷，黄式三撰。第四册。四、经说五卷，黄式三撰。第五、六册。五、史说五卷，黄式三撰。第七册。六、读通考二卷，黄式三撰。第八册。七、读子集四卷，黄式三撰。第九、十册。八、儆居杂著六卷，黄式三撰。第十一、十二册。九、黄氏塾课三卷，黄式三撰。第十三册。十、礼说六卷，黄以周撰。第十四、十五册。十一、群经说四卷，黄以周撰。第十六册。十二、史说略四卷，黄以周撰。第十七册。十三、子叙一卷，黄以周撰。第十八册。十四、军礼司马法考征二卷，黄以周撰。第十九册。十五、经训比义三卷，黄以周撰。第二十、二十一册。十六、子思子辑解七卷，黄以周撰。第二十二、二十三册。十七、儆季文抄六卷，黄以周撰。第二十四、二十五册。十八、儆季集外文，黄以周撰。第二十六册。十九、爱经居杂著，黄以恭撰。第二十七册。首都图书馆藏此书封面手题：『此书原有四卷，版归浙局时失去两卷有馀，今仅存卷一又卷二之七番矣。』《萧表》误将此列入以周著作目。又，《洪文》称定海黄荣爵藏有《爱经居未定草》手稿一册。二十、尚书讲义一卷，黄家辰、黄家岱撰。第二十八册。二十一、嫥艺轩杂著三卷，黄家岱撰。第二十八册。

浙江书局光绪十七年刊潘衍桐编《两浙輶轩续录》卷二十二收录黄式三五言古诗三首：《荠苊寄胡生伯寅》

附 黄以周著作及版本

一、十翼后录 二十四卷。又稿本十卷，八十卷本。版本

：二十四卷本。抄本十册。国家图书馆藏。清道光七年[illegible]

以卷序。《续修四库全书》据稿本影印。

案：系黄著未刊稿，所谓《儆居遗书》，[illegible]为首都图书馆藏《定海黄氏所著书》。

周著作，有1995年台北广文书局《中国哲学思想要籍丛编》影印本，与黄式三书同。五、国家图书馆藏

的经学著作》[illegible]，黄以周著有十《群经说》[illegible]影印本，二册。1《群经说》[illegible]

[illegible]十卷本、同治年间[illegible]。[illegible]。四、浙图藏《定海黄以周

《学言[illegible]》[illegible]与黄式三书同。国图藏[illegible]同治十一年刻本。[illegible]人。

代人物年谱考录》第十七页。1《孔子年谱》一卷，黄式三撰，光绪年间刻本《学[illegible]》卷首。已佚。1

并[illegible]黄式三撰。[illegible]参见本谱道光二十五年。三、浙图藏《中国历

以周亦说[illegible]为式三著作。二、国家图书馆藏《儆居遗书目录》稿本四册，索书号 08725。已收入善本库。

[illegible]未刊。[illegible]著作，[illegible]以周编辑，式三为作《叙》。参见本谱道光十七年。

下卷，[illegible]《[illegible]》[illegible]未见。《丛书综录》列此为《儆居遗书》第十一种。《[illegible]》

《[illegible]》《读子[illegible]》。其中《[illegible]》又收录于《[illegible]》。又有非式三著作而归入式三名

《三十五年光函》本。

三、**续资治通鉴长编拾补**　六十卷　秦缃业、黄以周等辑。版本：

光绪九年浙江书局刊本。牌记题「光绪癸未浙江书局校刊」。《续修四库全书》据此版本影印。2006年上海古籍出版社据此版本影印。2004年中华书局版据此版本排印本。

四、**光绪定海厅志**　三十卷　史致驯修、陈重威、黄以周纂。光绪十一年刻本。1993年上海书店《中国地方志集成·浙江府县志辑·三八》据此版本影印。

五、**礼说略**　三卷　黄以周撰。版本：光绪十四年《皇清经解续编》本。光绪十五年上海蜚英馆石印《皇清经解续编》本。此为《礼说》初稿。《定海黄氏所著书·礼说》七十五篇，《礼说略》四十四篇。《礼说略》所收《五门》《九拜》《立尸从尸》《六尊》《夏后服》《慈母服》六篇为《礼说》所无。

六、**经说略**　二卷　附《读书小记》一卷　黄以周撰。版本：光绪十四年《皇清经解续编》本。光绪十五年（一八八九）上海蜚英馆石印《皇清经解续编》本。此为《群经说》初稿。首都图书馆藏《定海黄氏所著书·群经说》前有黄以周识语：「初余治经，有《十翼后录》、《书》、《诗》、《春秋》内外传、《论语》、《孟子》、《尔雅》未有成书，而有《读书小记》。前编文之成篇者若干篇，王先谦采入《经解续编》中。今复复校，出四篇，增二十三篇，凡六十四篇。癸巳（光绪十九年，一八九三）春，识。」可知《读书小记》即《经说略》。《清史列传·黄式三》：「（以周）治群经，著《读书小记》。」

七、**南菁讲舍文集**　六卷　黄以周审订。光绪十五年南菁书院刻本八册。牌记题「光绪己丑开雕」。

目录页题「门人黄先生鉴定」。卷末题「顾翔凤、华朝庆、林文琪、孙锵、王家枚、孙□同校刊」。前附光绪十五年黄以周序。

八、军礼司马法考征　二卷　黄以周撰。光绪十八年四月黄氏试馆刻本一册，牌记题「光绪壬辰夏四月黄氏试馆刊」。后以此版本编入《定海黄氏所著书》。

九、礼书通故　一百卷　黄以周撰。版本：

a. 光绪十九年黄氏试馆刻本，牌记题「光绪癸巳孟夏黄氏试馆刊成」，前附黄以周像。

b. 光绪间刻本，重校后印，书前增黄家岱、黄家辰《礼书通故校文》。《续修四库全书》据此版本影印本，列《经部·礼类》第一一一、一一二册。2007年中华书局版点校本即据此本点校。王文锦点校、日人□□皆有校勘。

c.《校文》：上海图书馆藏黄以周手校本《礼书通故》，经其外孙王文锦先生批校，凡例札记百余条，现存王文锦先生遗书中，学者可与黄书参互见之。」中华书局出版黄家岱先生所撰校记。又，据黄家岱、黄家辰《礼书通故校文》，《礼书通故》有四种版本：一、原稿本。二、初刻本。三、重修本。四、后定本。其中重修本前附黄家岱、黄家辰撰十五页《礼书通故校文》，列一百八十余条校记。后定本是黄以周在重修本上亲自批改的一个本子，未刊刻，下落不明。

十、南菁文钞二集　六卷　黄以周审订。版本：光绪二十年南菁书院刊本四册。牌记题「光绪甲午冬日开雕」。前附光绪二十年黄以周序。

[illegible]

十一、经训比义 三卷 黄以周撰。版本：

1. 光绪二十二年南菁讲舍刻本，牌记题「光绪丙申三月南菁讲舍」。1977年台北广文书局《国学珍籍汇编》、《四库未收书辑刊》、1997年北京图书馆出版社《中国哲学范畴丛刊》据此版本影印。

2. 光绪二十四年重刊本。末属「武进高蒙康刻字」。后以此版本编入《定海黄氏所著书》。

十二、儆季杂著 五种附二种，一名《儆季所著书》。黄以周等撰。版本：光绪二十至二十一年南菁讲舍合刊本十册。牌记题「光绪阏逢敦牂仲夏月江苏南菁讲舍」。扉页题「儆季所著书五种并儆外书两种」凡十册」，书名页题「儆季所著书五种并儆外书两种」，目录题「儆季杂著五种附二种」。后以此版本全部编入《定海黄氏所著书》。子目：

1. **礼说** 六卷，黄以周撰。光绪二十年南菁讲舍合刊，列《儆季杂著》第一、二册。《续修四库全书》据此版本影印。2. **群经说** 四卷，黄以周撰。列第三、四册。《续修四库全书》据此版本影印。3. **史说略** 四卷，黄以周撰。列第五、六册。4. **子叙** 一卷，黄以周撰。列第六册。5. **儆季文钞** 六卷，黄以周撰。列第七、八册。《儆季文钞》卷二所收四篇文章《旧钞太素经校本叙》《黄帝内经明堂叙》《黄帝内经九卷集注叙》《黄帝内经素问重校正叙》，于光绪二十三年被袁昶收入《渐西村舍汇刊》本《皇帝内经太素》，民国十三年又被廖平收入《六译馆医学丛书》，附于《宿本黄帝内经明堂序》后。又，国家图书馆藏有题黄以周撰《先考明经公言行略》刻本一册。实为光绪二十年南菁书院刊本《儆季文钞》卷五所收黄以周《敕封征仕郎内阁中书先考明经公言行略》抽印本。此版本为清国史馆撰写式三传抽印。附：尚书讲义一卷，黄家辰、家岱撰。光绪二十一年刊。列第九册。」《嬹艺轩杂著》三卷，黄家岱撰。光绪二十一年刊，列第十册。

十三、**子思子辑解** 七卷 黄以周撰。光绪二十二年序刊本。牌记题「意林逸子之第二种」。后以此本编入《定海黄氏所著书》。1975 年台北广文书局《中国哲学思想要籍丛编》据此版本影印。文前附光绪二十二年七月以周题识。据题识，此书卷三原文大部分已佚，仅剩一页。

十四、**周易故训订** 黄以周撰。版本：

a. 上海图书馆藏不分卷稿本，与《周易注疏剩本》不分卷稿本合订。

b. 民国十三年唐文治编、施肇曾刊《十三经读本》第一种《周易读本》后附，两册。前有黄以周咸丰五年春自序。（见本谱咸丰五年引）第二册后半为《周易注疏剩本》《重卦卦变图》。备注：《周易故训订》原为上、下二卷，现仅存上卷。唐文治《黄元同先生学案》：「《周易故训订》，文治仅抄得上经一卷，藏以待刊。（孙柱案：《周易故训订》上一卷唐师现已刊行。原注。）」孙柱为唐文治弟子。

十五、**周易注疏剩本** 黄以周撰。版本：

a. 上海图书馆藏不分卷稿本，与《周易故训订》稿本合订。

b. 民国十三年唐文治编、施肇曾刊《十三经读本》第一种《周易读本》后附。

十六、**重卦卦变图** 黄以周撰。版本：仅二页。民国十三年唐文治编、施肇曾刊《十三经读本》第一种《周易读本》后附《周易注疏剩本》《重卦卦变图》，最后又有两页，题《因八卦而重之变在其中图》，题下小字「八卦成列图」、书口题《重卦卦变图》。

十七、**微季集外文**（拟名）一册，黄以周撰。首都图书馆藏《定海黄氏所著书》第二十六册，书口未刻书名及卷、页数。仅录《微季文抄》未收以周杂著二十三篇。初藏者于此书封面手书「微季文抄三·二十六」。二十六为《定海黄氏所著书》书册序号。笔者拟名《微季集外文》。国图检索系统著录为「黄以周撰《微季杂说》，光绪间刻本一册」。其篇目如下：1. 文言说。2. 释大过小过音义。3. 书暂遇奸宄解。4. 书仇民友民解。5. 球琮琚琮考，附琚琮图。6. 答答拜问。7. 释注方持弦曰挟侧持弓矢曰执义。8. 三墉之禘是为正辟。9. 读礼记。10. 圭璋特璜璜爵解。11. 方诸考。12. 辟廱辟音义不同辨。13. 达巷说。14. 论语颜渊论仁章本义。15. 答徐寿衡先生书。16. 答胡绥之书。17. 示诸生书。18. 木兹集叙。19. 定海五修族谱叙。20. 吴郡宋氏义庄记。21. 诰封奉直大夫武君宝田墓志铭。22. 沈君素庭墓志铭。23. 陈君孝池墓志。

十八、**意林** 二名《意林逸子书》。以周辑。《读文》：「意林逸子书……杭县孙氏敬内藏有此书原稿四册，亦以周未刊遗稿。」黄以周《子思子辑解七卷》光绪二十二年序刊本牌记题「意林逸子之第二种」。此《意林逸子书》稿本或与之有关。

十九、**意林校注** 六卷 黄以周撰。据全国善本书目，上海图书馆藏有稿本。

二十、**唐本说文真伪辨** 一卷 黄以周撰。《读文》：「先生所著，自上述各种外，尚有……《唐本说文真伪辨》一卷，《黄帝内经集注》九卷……《经训类编》、《纂经室尚书讲义读本》、《意林逸子书》内《唐诗约选》等遗稿。」

二十一、**黄帝内经集注** 九卷　黄以周撰。据《洪文》，见前引。

二十二、**经训类编**　黄以周撰。《洪文》：“定海黄荣爵藏有此书抄本三卷，二册。”

二十三、**纂经室尚书讲义读本**　黄以周撰。《洪文》：“定海黄荣爵藏有黄以恭著《爱经居未定草》手稿一册，末附《纂经室尚书讲义读本》，这是黄以周的未刊著作。”

二十四、**唐诗约选**　黄以周编。《洪文》：“定海黄荣爵藏此书手稿本二册。未刊。”

二十五、**五礼异义** 不分卷　黄以周撰。全国善本导航有此名，稿本，未注明收藏单位。虞铭新《黄元同先生别传》：以周“语人曰‘读是书，（指《礼书通故》。引注。）可以知《礼》书之异矣，而未知其同。吾将就其同者而论列之。’未就而卒。”可知《礼书通故》专为总结历史上释礼书诸家不一致处。故推测此名《五礼异义》者，或即为《礼书通故》部分稿本。

二十六、**易释** 不分卷。全国善本导航记录为黄以周撰，天一阁文物保管所藏稿本。未检。式三著有《易释》四卷，以周著述无此名者。待考。

上述外，黄以周还参与了同治六年浙江书局本《晋书》（五局合刻二十四史之一）的校勘工作，光绪七年浙江书局刊本《续资治通鉴长编》的辑补工作。据全国善本导航，武汉大学图书馆藏有抄本沈钦韩撰《汉书疏证》三十六卷《后汉书疏证》三十卷中均有黄以周校读笔迹，南京图书馆藏抄本周广业等辑《意林逸文一卷补二卷》也有黄以周校读笔迹。谢巍《中国历代人物年谱考录》第五六四页著录：“《黄微平年谱》稿本两卷。近代宁海干人校编。著者自藏。”未见。“微平”为“微季”之误。

图书在版编目(CIP)数据

新编清人年谱稿三种/王逸明编著. -2版-北京:学苑出版社,2011.11

ISBN 978-7-5077-3914-5

Ⅰ.①新… Ⅱ.①王… Ⅲ.①名人—年谱—中国—清代 Ⅳ.①K820.49

中国版本图书馆CIP数据核字(2011)第243393号

责任编辑:战葆红
出版发行:学苑出版社
社　　址:北京市丰台区南方庄2号院1号楼
邮政编码:100079
网　　址:www.book001.com
电子信箱:xueyuan@public.bta.net.cn
销售电话:010-67675512、67678944、67601101(邮购)
经　　销:新华书店
印 刷 厂:北京华艺斋古籍印务有限责任公司
开本尺寸:1/16
版　　次:2011年11月第2版
印　　次:2011年11月第1次印刷
定　　价:900.00元

ISBN 978-7-5077-3914-5

9 787507 739145 >